Die ächten Memoiren des Franz Josef Strauß

Es kann die Spur von meinen Erdentagen
das Unvermeidliche mit Würde tragen.

(Julius Stettenheim)

Die ächten Memoiren

des Franz Josef Strauß

Franz Josef Strauß

aus dem Überirdischen aufgezeichnet
von Dieter Hanitzsch natürlich beim
Süddeutschen Verlag

Selbstverständlich wieder
für Mercedes und Stefan

Gestaltung des vorderen und hinteren Schutzumschlages:
Dieter Hanitzsch

Wir danken dem PLAYBOY für die Erlaubnis zur Verfremdung
des Signets und einer Illustration auf den Seiten 118/119.
Die Foto-Dokumente auf den Seiten 30 bis 35
fand der Autor in dem Buch „Franz Josef Strauß –
Der Mensch und der Staatsmann", Verlag R. S. Schulz,
Percha/Starnberger See, 1988.

ISBN 3-7991-6463-4

Der Inhalt dieser meiner *ächten* Memoiren

Das Vorwort

Liebe Erdenbürger!

Glauben S' ja nicht (alles) was gedruckt wird.
Das gilt im besonderem Maße für meine
angeblichen „Erinnerungen", die bekanntlich in einem Berliner (!) Verlag erschienen
sind. Ich habe sie aus begreiflichem
Interesse gelesen und nachher herzlich
gelacht: Hahahahohoho!!!!
Da steht auf über 700 Seiten nix
drin, was nicht sowieso jeder kennt.
Allerdings hat der bedauernswerte Autor,
mein ehemaliger Chefredakteur Wilfried
Scharnagl, außer diesem
von mir besprochenen
Mini-Tonband ⟶

nix gehabt und auf dem war nicht einmal was drauf, weil wir damals ~~ange-
leitert~~ vergessen hatten, das Aufnahme-
gerät einzuschalten.

Es sind also höchstens Scharnagls „Erinnerungen", für die erfreulicherweise der Augstein 2 (zwei!) Millionen nur für den Vor-
abdruck bezahlt hat. Das freut mich ganz
besonders.

Meine wirklichen Memoiren hätte ich
ihm auch nicht gegeben – die stehen nur
zwischen diesen beiden Buchdeckeln.
Das werden Sie, geneigter Leser, bald
merken.

Gegeben im Herbst a. D. MDCCCCLXXXIX
auf Wolke VII

F. J. Strauß EaB*

---

* Engel auf Bewährung

Das Gottes-Urteil

Als ich am 3. Oktober 1989 das Zeitliche gesegnet hatte und oben angekommen war, wurde ich gleich zum hl. Petrus geführt. Der wußte natürlich sofort, wen er da vor sich hatte, denn er fragte mich, ob ich ein politisch Verfolgter sei. Dies konnte ich in Anbetracht der Verfolgungen, denen ich bis zuletzt ausgesetzt war, uneingeschränkt bejahen. Daraufhin sagte der hl. Petrus, der mir im übrigen irgendwie bekannt vorkam: "Aha." Das genügte mir nicht und ich fragte, ob ich als Gründer der CSU das Fegefeuer überspringen könne. Petrus antwortete, daß er das nicht allein entscheiden dürfe, wofür ich Verständnis hatte. Auch ich habe wichtige Entscheidungen nie nachgeordneten Mitarbeitern überlassen.

Himmel

Hölle

Fege
Feuer

F.J.S
TATE

Wie ich schon vermutet hatte, ist das passende
Gewand dort (hier) oben ein bequemes Nachthemd.

In diesem muß man sich zur Aufnahmeprüfung bzw. Gottesurteil auf das Buch seiner Taten stellen, was selbstverständlich in meinem Fall groß und dick war.

Die Qualität der Taten entscheidet über die künftige Position im Jenseits: Oben oder unten! Für die guten Taten wachsen dem Prüfling <u>Flügel</u>, für die weniger guten <u>Hörner</u>. Überwiegen die Hörner, dann ab nach unten – und umgekehrt. Anfangs war ich besorgt...

... und hatte sofort den Verdacht, daß sogar hier oben wieder einmal die berufsmäßigen Verleumder u. Fälscher in meinem Tatenbuch herummanipuliert hatten! Ich war zwar auf Erden durchaus kein Engel, das hätte ich als Politiker nicht einmal in einer christlichen Partei durchgestanden.

Aber meine Sorge war unbegründet. Plötzlich fühlte ich an meinen Schulterblättern ein Kribbeln und da wußte ich, daß es eine himmlische Gerechtigkeit gibt!

Die Flügel wuchsen und wuchsen, bis es zumindest für mich nicht den geringsten Zweifel daran gab, daß mir auch im Jenseits der mir gebührende Platz sicher war.

Trotzdem war ich ehrlich dankbar, als ich das endgültige Gottes-Urteil hörte...

Leider ist es
weitere Einzel-
Sitten und
Ungewißheit macht
hier oben! Aller-
Politik schon seit
Abschreckung und
als ich berichtete,
Wähler der CSU
sich noch heute vor
dem Teufel fürchten!
Aber fürchtet euch
nicht! So →
sieht er aus und
er ist kaum größer
als ein Dachs!
Die Hölle gibt's zwar,
aber dort ist er nur
Hausmeister und
hat nix zu sagen.

nicht einmal mir erlaubt,
heiten über himmlische
Gebräuche auszuplaudern.
fromm, das weiß man auch
dings setzt die Allerhöchste
längerem nicht mehr auf
man war höchst erstaunt,
daß   zumindest die

Offensichtlich ist es dem Teufel unten zu fad, denn er treibt sich oft im Himmel herum und versucht, uns Engel zu erschrecken! Der kann einem fast leid tun…

Ausnahmsweise darf ich noch verraten, daß der Himmel keineswegs ein einziger großer Raum ist – wie die Theologen behaupten, sondern aus zwei Etagen besteht: Die oberste Etage, das himmlische Penthouse, ist ausschließlich den Stammwählern der CSU vorbehalten!

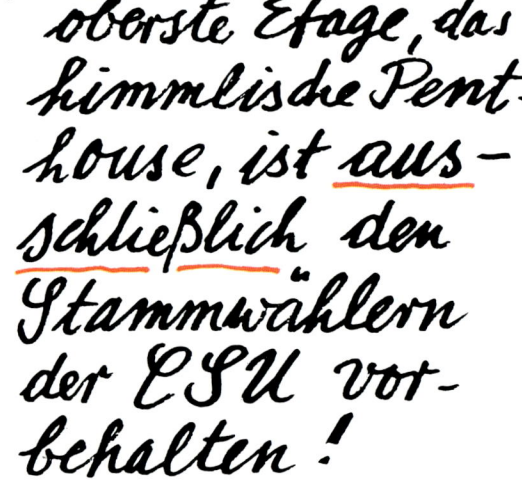

Wer nachweisen kann, daß er ab 1949 bis zu seinem Ableben immer CDU gewählt hat, darf ins Stockwerk darunter. Und in die im Keller befindliche Hölle (eine Art norddeutscher Tiefebene, in der es immer höllisch heiß ist) müssen die Wähler von SPD, FDP etc.

CDU-Himmel

Hölle
0,5 km

Der
Lebenslauf

Lebenslauf

Ich, Franz Josef Strauß, wurde am 6. Sept. 1915 als Sohn meiner Eltern in München geboren.

Sofort nach Kriegsende 1945 trat ich in die Wiederanfänge des politischen Lebens in Deutschland ein.

Mein Lebensweg führte mich vom Landrat in Schongau zum Generalsekretär, zum stellvertretenden Landesvorsitzenden und ab 1961 zum Parteivorsitzenden der C.S.U., vom Abgeordneten im Wirtschaftsrat 1948/49, im Bundestag 1949-1978, im Bayerischen Landtag von 1978 bis Herbst 1988, vom einfachen Parlamentarier zum stellvertretenden Fraktionsvorsitzenden als Vorsitzender der Landesgruppe der C.S.U., zum Sonderminister, Atomminister,

Mein Paten-Onkel Franz-Josef Hierlinger. Er gründete zusammen mit mir die CSU u. war von Beruf Viehhändler. Von ihm habe ich viel gelernt – auch politisch. Er zog sich früh aus dem politischen Leben zurück und widmete sich ausschließlich seiner Gastwirtschaft, der "Post" in Altötting, die später in die Hände eines meiner Nachfolger überging.

Ohne Zweifel gehörte ich zu den Pionieren der bayerischen Luft-
fahrt und konnte später meine fliegerischen Fähigkeiten bei der Erprobung
des von mir entwickelten AIRBUS einbringen (siehe Abbildung).

Verteidigungsminister, Finanzminister, zum
Amt des Bayerischen Ministerpräsidenten.
Er führte auch durch viele Gebiete und zahlreiche Bereiche der modernen Technik, besonders der Luft- und Raumfahrt, den

Eine Weiterentwicklung des von mir
entwickelten AIR-BUS (bayer. EHR-BUS)

Wiederaufbau einer deutschen und europäischen
Luft- und Raumfahrtindustrie, er führte durch
fast alle Länder Europas, besonders Albanien,
durch viele Länder Nord- und Südamerikas,
Afrikas, des Mittleren und Fernen Ostens,
er führte nach Israel und in viele arabische
Länder, er führte zu Begegnungen mit den
meisten führenden Persönlichkeiten wie
Truman, Eisenhower, Kennedy, Johnson,
Nixon, Carter, Reagan, Churchill, Wil-

son, Thatcher, de Gaulle, Giscard, Mitter-
rand, Ben Gurion, Sadat, König Hussein,
König Chalid und König Fahd, Assad,
Mao Tse-tung, Tschu-en Lai, Deng XiaoPing,
Suharto, Breschnew, Gorbatschow, Honecker,
Pinochet, Ceausescu, Botha, Evren, König
Hassan, Mobutu, Eyadema, Senghor, Sino-
watz, Waldheim, Fürst Rainier, Beckenbauer,
mit den Päpsten Pius XII., Paul VI., und
Johannes Paul II., mit den Wissenschaftlern
Werner Heisenberg, Otto Hahn und Wernher
von Braun, Edward Teller, Lothar Bossle,
Prof. Andräae, Prof. Argirov, Karl Dersch,
Luggi Waldleitner, Prof. Dr. Dannecker, Dr.
Karl März, Kommerzialrat Friedrich Jahn,
Prof. Helmut Zöpfl, Fürst von Thurn & Taxis,

und vielen anderen.* * * * * * * * * * * * * * *

Es ist eine Gnade, daß ich deutsche und
europäische Geschichte mitgestalten konnte.
Die Bilder stellen einen Teil des Dramas
„Mensch und Geschichte" dar, im Mikro-
kosmos eines politischen Lebenslaufes.

FJ Strauß
(z. Zt. Wolke 7)

POLITIK

Marschall-
Stab!

* z.B. auch Helmut Kohl, Helmut Schmidt

Aus der Fülle meiner – jedesmal auf allerhöchste
Einladung erfolgten – Begegnungen mit anderen
Großen dieser Erde möchte ich nur einige heraus-
greifen. Hier die Begegnung mit Ronald Reagan,
damals Präsident der U.S.A.

Begegnung mit Leonid Breschnew, damals mächtigster Mann der Sowjetunion. Starker Trinker.

Begegnung mit Erich Honecker anläßlich der Übergabe des von mir eingefädelten Milliardenkredits. Honecker hat übrigens genau nachgezählt.

Begegnung mit dem ägyptischen Staatspräsidenten Husni Mubarak. Ein sehr humorvoller Mann.

Begegnung mit dem damaligen Bundeskanzler Helmut Schmidt. Kein sehr humorvoller Mann.

Begegnung mit dem Chefideologen der VR China,
Deng Xiao Ping, der mit Vorliebe bayerische Prosa liest.

Begegnung im Kreml mit Michail Gorbatschow, bei der ich ihm die Grundzüge der Perestroika erläuterte. Ich fürchte, daß er es ohne mich und meinen Rat nicht schafft...

Die „Spiegel"-Erpressung

Weil ich weder zu denen gehöre, die anderen AD CALENDAS GRAECAS * den Sand in die Augen streuen, in welchen der gleichnamige Vogel angeblich bei Gefahr seinen Kopf steckt, noch dem Grundsatz PROXIMUS SUM EGOMET MIHI ** heilige, möchte in diesen nur von mir authorisierten Memoiren SALVE ERRORE ET OMISSIONE *** das Geheimnis lüften, das bis zum heutigen Tage die sogenannte „Spiegel-Affäre" umgibt, die noch heute die Gemüter bewegt, manche mehr, manche weniger.

---

* BIS ZUM JÜNGSTEN TAG
** JEDER IST SICH SELBST DER NÄCHSTE
*** UNTER VORBEHALT VON IRRTUM UND AUSLASSUNG

Am 10. Oktober 1962, zwei Tage, bevor sich die Entdeckung Amerikas durch den oberbayerischen Seefahrer Christoph Taube (später nannte er sich Columbus) zum 270. mal jährte, veröffentlichte ein nach wie vor in Hamburg erscheinendes, wahrscheinlich oder unwissentlich vom KGB finanziertes, sogenanntes „Nachrichten-Magazin"*) unter der Überschrift „Bedingt abwehrbereit" eine mit vielen Details angereicherte Titelgeschichte über die NATO-Übung „Fallex 62". Der Informant des „Spiegel", ein Oberst Martin, hatte einen genauen Überblick über Zahl, die nach Kilotonnen berechnete (!) Sprengkraft und mögliche Zielorte der für deutsche Atomwaffenträger gelagerten

*) Gemeint ist der „Spiegel"

amerikanischen Atomsprengkörper gegeben.
Solche Daten gehören zu den intimsten (!)
Schlafzimmergeheimnissen
des militärischen Wesens
von heute. Ich war damals
Bundesminister der Verteidigung und für
die militärische Sicherheit der Bundesrepublik Deutschland verantwortlich. Der damalige Bundeskanzler Konrad Adenauer
sprach von einem „Abgrund von Landes-
verrat", was ich im Detail aber nicht
beurteilen konnte, weil ich als Minister
selbstverständlich nur in großen Zügen
Bescheid wußte, entsprechend der EO IPSO
noch heute in Bonn praktizierten Auf-
gabenverteilung, wonach der jeweilige
Minister ETWAS ÜBER ALLES, der Staats-

sekretär ALLES ÜBER ETWAS und die Telefonzentrale ALLES ÜBER ALLE weiß.
REBUS SIC STANTIBUS kann also für die
Historiker als gesichert gelten, daß ~~zu-~~ nur
~~mindest~~ die Telefonzentrale des Verteidi-
gungsministeriums darüber Bescheid
wußte, daß kurz nach Erscheinen des o. g.
„Spiegel"-„Artikels" die Redaktionsräume
von der Bonner Sicherungsgruppe des B.N.D.
durchsucht, alle Geheimnisse beschlagnahmt
und sowohl „Spiegel"-Herausgeber Rudolf
Augstein als auch sein damaliger Stell-
vertreter Conrad Ahlers * verhaftet wurden –
letzterer PRAEMISSIS PRAEMITTENDIS sogar in
Spanien!

OLÉ!

*) SPÄTER REGIERUNGSSPRECHER DER SOZI-LIBERALEN (!) KOALITION

In Augsteins Panzerschrank fand man u. a. auch diese
taktische Skizze, die ich einmal in einer geheimen (!)
Sitzung des Verteidigungsausschusses angefertigt hatte...

Es war mir damals natürlich sofort klar, daß alle Welt nach der bekannten, deshalb aber nicht weniger richtigen Logik „Der Esel hat Ohren, ich habe Ohren, also ergo bin ich ein Esel" behaupten würde, ich hätte mich am „Spiegel" rächen wollen, nur weil er das einzige Presseorgan war, in dem seit Jahren ebenso häufige wie lächerliche Angriffe gegen mich und meine Person erschienen, die das Papier nicht wert waren, auf dem sie gedruckt wurden.

CONSCIENTIA VIRTUTIS FAMAE MENDACIA RIDET,* wie wir Lateiner sagen. In diesem Zusammenhang möchte ich fest-

---

* DAS BEWUSSTSEIN VON TUGEND LACHT ÜBER DIE LÜGEN DES GEREDES

stellen, daß ich mit der seriösen (!) deutschen Presse niemals irgendwelche Probleme hatte, nur mit dem „Spiegel." Die im folgenden dokumentierten Beispiele für Verleumdungen und Verunglimpfungen meiner Person durch dieses sogenannte „Nachrichtenmagazin" und seinen willfährigen Handlangern sind nicht nur meilenweit von der Wahrheit entfernt, sondern ebenso falsch wie die Übersetzung des Cicero-Ausspruchs MORS CERTA, HORA INCERTA EST* mit : TODSICHER GEHT DIE UHR FALSCH !

---

* DER TOD IST SICHER, UNGEWISS SEINE STUNDE

(45)

Sogenannte

Strauß-Skandale

Strauß-Skandal 1: Die „Spiegel"-Affäre

1962 wurden in einer Nacht- und-Nebel-Aktion „Spiegel"-Büros durchsucht und „Spiegel"-Redakteure wegen angeblichen Landesverrats verhaftet. Die spätere Untersuchung dieser Vorgänge ergab, daß Strauß
● mehrfach das Parlament belogen und
● rechtswidrig in die Zuständigkeit des Justizministers, Außenministers, Generalbundesanwalts und des Bundeskriminalamtes eingegriffen und sich Befugnisse angemaßt hat, die selbst dem Kanzler nicht zustehen.

Strauß-Skandal 2: Die HS-30-Affäre

1957 schloß Strauß als Verteidigungsminister einen Vertrag über die Lieferung von Schützenpanzerwagen des Typs HS 30 mit dem auf diesem Gebiet völlig unerfahrenen Schweizer Rüstungskonzern Hispano-Suiza.
Der Verdacht, daß Bestechung im Spiel sei, drängte sich auf. Die Untersuchung ergab, daß Strauß
● den Bundestag durch irreführende Angaben bei der Aufklärung der Affäre behindert, seine Amtspflicht versäumt und der Bundesrepublik finanziellen Schaden zugefügt hat.

Strauß-Skandal 3: Die „Starfighter"-Affäre

Noch ehe über Preise, Lizenzgebühren, Garantien und Termine verhandelt und auch nur eine Maschine erprobt worden war, entschied Strauß 1958, für die Luftwaffe den „Starfighter F 104 G" der US-Firma Lockheed anzuschaffen. Mehr als 100 Starfighter-Piloten kamen beim Absturz ihrer Maschinen ums Leben. Untersuchungen durch den Bundesrechnungshof ergaben, daß durch die Starfighter-Entscheidung
● die militärische Einsatzfähigkeit über Jahre beeinträchtigt worden ist;
● der Bundesrepublik bei vorsichtiger Schätzung „mehrere hundert Millionen Mark" Schaden entstanden sind.

Strauß-Skandal 4: Die „Fibag"-Affäre

1959 wurde zur Realisierung eines Wohnungsbauprojektes der US-Armee die Baugesellschaft Fibag gegründet. An ihr war der Passauer Verleger Kapfinger, Strauß-Freund und CSU-Mitglied, beteiligt. Bei einer Besprechung mit anderen Fibag-Beteiligten verlangte Kapfinger für sich einen höheren Gewinnanteil, weil er „mit Strauß teilen" müsse. Eine gerichtliche Klärung der Affäre erwies sich als unmöglich. ◆

Von den Sozis übernommene Lügen und Verleumdungen !!

Teil des Lügengebäudes, mit dem die Handlanger der Weltrevolution mich ein- mauern wollten. Aber Fehlanzeige...

So eine infame Lüge! Die Klärung war selbstverständlich möglich, und wie !!

„Dieser Mann"

Jayne Mansfield, am 7. Mai 1967 in der „News of the World":

Mir wurden sehr hohe Geldsummen geboten. wenn ich „nett" zu Geschäftsleuten und Politikern wäre. Aber ich habe abgelehnt. Viel eher würde ich mit einem bettelarmen Beatnik losziehen. Das wahrscheinlich freigiebigste Angebot kam von einem führenden deutschen Politiker, der Amerika besuchte.

Jemand rief mich in New York an und sagte, er sei der Vertreter einer berühmten ame-

Jayne Mansfield
Angebot eines deutschen Politikers

rikanischen Firma, die mit dem Gast geschäftlich zu tun habe. Er sagte ferner: „Dieser Mann hat sich etwas ganz Besonderes erbeten. Er wünscht sich für einen Abend bei einer privaten Dinnerparty in seiner Suite Ihre Gesellschaft. Wir zahlen Ihnen auf der Stelle 100 000 Dollar, wenn Sie einwilligen, ihn in der gewünschten Weise zu unterhalten."

Es war ganz offensichtlich, was er wollte. Ich fühlte mich beleidigt. Sie wollten mich zwar zu einer sehr teuren Prostituierten machen, aber eben doch zu einer Prostituierten.

Ich sagte dem Mann: „Es tut mir sehr leid. Ich möchte mit diesem Herrn gern später einmal bekannt werden, wenn andere dabei sind. Aber jetzt habe ich zu viele Termine."

Später erhielt ich ein Kabel, in dem das Angebot bestätigt wurde.

Typisch!

Immer ich!

Erinnerung an ein Milliardengesch

Der Darstellung, die der frühere Lockheed-Repräsentant Ernest F. Hauser gibt, steht das eiserne Dementi des Franz J

Von unserem Redaktionsmitglied Hartmut Palmer

Bonn, 15. Februar

Im März des Jahres 1967 schrieb ein gewisser Roger B. Smith aus Burbank (Kalifornien) einen Brief an den *Spiegel*. Mister Smith, damals Vizepräsident der Lockheed Aircraft Corporation (LAC), wünschte „kategorisch feststellen" zu dürfen, daß über seine Firma die Unwahrheit verbreitet worden sei, und zwar von einem früheren Mitarbeiter im deutschen Verkaufsbüro des Konzerns, von Ernest F. Hauser. Dieser nämlich hatte öffentlich behauptet, daß es nicht nur bei Lockheed, sondern auch bei anderen Firmen in den Vereinigten Staaten „US-übliche" Firmengeschenke gegeben habe, die immer dann verteilt wurden, wenn es galt, internationale Kundschaft bei Laune zu halten. Auch Oberst Repenning, ein langjähriger persönlicher Referent des früheren Verteidigungsministers Franz Josef Strauß, habe daher das eine oder andere Präsent bekommen.

Lockheed-Vize Smith, der den Bericht selbst nicht gelesen hatte, sondern auf ihn „aufmerksam gemacht worden" war, stand nicht an, Hausers Anwürfe in Bausch und Bogen in den Bereich der Legende zu verweisen. „Hierzu teile ich Ihnen mit", schrieb er also, „daß die Firma Lockheed von jeher den Grundsatz vertritt, daß bei einer Persönlichkeit oder Personen, die bei Lockheed einkaufende Regierungen vertreten oder deren Angestellte sind, keine Geschenke gemacht werden — weder in den Vereinigten Staaten noch anderswo." *Wir wollen von den Amis auch gar keine Geschenke!*

Vor neuen Enthüllungen?

Weder in den Vereinigten Staaten noch anderswo würde man ihm das heute noch glauben. Was immer man über Ernest Felix Hauser und seine Erzählungen denken mag — daß es bei amerikanischen Konzernen üblich war, Geschäfte mit kleinen und großen Gefälligkeiten in Schwung zu bringen und zu halten, ist zweifelsfrei erwiesen. Vor dem Ausschuß des amerikanischen Senats, der diese Geschäftspraktiken untersucht, haben denn auch die Lockheed-Bosse inzwischen zugegeben, allein in den letzten fünf Jahren 22 Millionen Dollar an Schmiergeldern gezahlt zu haben. *An wen? An uns nicht !!!*

Bislang unbewiesen ist freilich die Behauptung Hausers, daß auch schon Ende der fünfziger und Anfang der sechziger Jahre Lockheed-Summen geflossen seien: und zwar in der Bundesrepublik in die Kassen der CSU und ihres Vorsitzenden, des damaligen Verteidigungsministers Strauß, und in Holland in die Tasche vor Prinz Bernhard. Sowohl Strauß als auch Prinz Bernhard haben ebenso eisern und kategorisch dementiert wie seinerzeit der Lockheed-Vizepräsident Roger B. Smith. Hauser freilich bleibt bei seiner Behauptung. *EISERN !*

In dieser Woche soll der Senatsausschuß prüfen, ob es noch andere Hinweise als die des früheren Lockheed-Mitarbeiters Hauser gibt, die dessen Vorwürfe stützen könnten. Die angesehene Zeitung *Washington Post* will erfahren haben, daß schon am Dienstag mit neuen Enthüllungen zu rechnen sei. Der CSU-Vorsitzende aber sieht in derlei Ankündigungen nichts anderes als eine „uralte Fälscher- und Verleumdermethode", Strauß: „Über die CSU oder über mich kann es weder alte noch „neue" Dokumente geben, außer Fälschungen." An die *Washington Post* schrieb er: „Ich werde mich nicht davon abhalten lassen, die einfache Wahrheit zu bekunden, daß Lockheed weder der CSU noch mir in irgendeiner Form oder zu irgendeinem Zweck Geld gegeben hat."

Schon in der vergangenen Woche hatte CSU-Sprecher Kiehl in München die Parole ausgegeben, die „Kampagne" gegen Franz Josef Strauß und die CSU sei zusammengebrochen. Als Kronzeuge diente A. Carl Kotchian, der — jetzt wegen des Lockheed-Skandals zurückgetretene — Präsident des Unternehmens. Dieser aber hatte vor dem Ausschuß — im Gegensatz zu Hauser nicht unter Eid — nur gesagt, von etwaigen früheren Zahlungen Lockheeds an deutsche Politiker sei ihm nichts bekannt. Kotchian wurde erst 1966 Präsident des Konzerns. Die Vorwürfe gegen Strauß und die CSU gehen aber auf Beobachtungen zurück, die Ernest Hauser in den Jahren 1961 und 1962 gemacht haben will und die er damals seinem Tagebuch anvertraute.

Damals war die Welt zwischen Franz Josef Strauß und Ernest Hauser noch in Ordnung. Beide kannten und schätzten einander — seit jenen Nachkriegstagen des Jahres 1945, da Hauser amerikanischer Nachrichtenoffizier und Strauß stellvertretender Landrat in Schongau war. Sp ter behauptete Strauß zwar, seit der Versetzung Hausers aus Schongau „bis zu einer zufällig Begegnung im Jahr 1961 in Amerika" kein Kontakt mehr mit dem Nachkriegsfreund gehabt zu haben („Ich wußte nicht einmal, w sich aufhielt"). Briefe beweisen aber: St wußte spätestens seit dem 15. September wo Hauser sich aufhielt (425, East 63rd St

New York), und auch das Treffen in den USA war keineswegs „zufällig", sondern mit dem „lieben Ernst" schon lange verabredet worden. Auf Betreiben von Strauß war Hauser schließlich auch als zweiter Verkaufsmanager für Lockheed in der Bundesrepublik engagiert worden, was Strauß seinem Freund am 25. August 1961 hocherfreut ausrichtete. Kein Geringerer als der damalige Lockheed-Präsident Courtland Cross hatte Hausers Anstellung verfügt.

Cross muß sich dem deutschen Verteidigungsminister in besonderem Maße verbunden gefühlt haben. Schließlich war es Strauß, der dem amerikanischen Konzern den bis dahin fettesten Auslandsauftrag in der Nachkriegszeit beschafft hatte: das Geschäft mit dem *Starfighter F 104 G*, ein Milliarden-Handel, der sich freilich als größte Beschaffungspleite der Bundesluftwaffe herausstellte (177 Abstürze, mehr als 80 Piloten tödlich verunglückt) und dem der Bundesrechnungshof später das Zeugnis „miserabel" ausstellte.

Bis heute weiß niemand, warum der Verteidigungsminister Strauß Ende der fünfziger und Anfang der sechziger Jahre eine so übertriebene Eile zeigte, mit Lockheed ins Geschäft zu kommen. Schon im Oktober 1958 ließ er die Lockheed-Unterhändler wissen, daß er zum Kauf entschlossen sei, ehe noch über Preise, Lizenzgebühren und Liefergarantien verhandelt worden war. Dabei gab es den deutschen *Starfighter*, den die Luftwaffe brauchte, noch gar nicht. Es gab nur die amerikanische Schönwetterversion des Jägers. Als sich deshalb auch in der CDU/CSU-Fraktion Anfang des Jahres 1959 Widerstand regte, behauptete der damalige Luftwaffeninspekteur Kammhuber, der Umbau des amerikanischen Flugzeuges werde keine Mehrkosten verursachen. — eine Prognose, die sich als falsch herausstellte.

Niemand weiß auch, was Strauß bewogen haben mag, bei Vertragsabschluß am 18. März 1959 dem amerikanischen Konzern eine Gewinnmarge von acht Prozent einzuräumen — statt der damals branchenüblichen vier bis fünf Prozent. Und unerklärlich ist es auch, warum er schon im Frühjahr 1960 — damals gegen den ausdrücklichen Rat seines Fliegergenerals Steinhoff — beschloß, die Stückzahl von 250 auf 700 zu erhöhen, zu einem Zeitpunkt, da noch kein einziger Prototyp der neuen deutschen Version hatte getestet werden können.

Für alle diese Ungereimtheiten glaubt Ex-freund Hauser schon immer eine schlüssige Erklärung gehabt zu haben: Geld. Mindestens zehn Millionen Lockheed-Dollar, so behauptet er, hätten Strauß und seine CSU für das Starfighter-Geschäft eingestrichen. Bis heute freilich konnte Hauser weder Quittungen noch Bankbelege noch Zeugen präsentiert, die einen derartigen Transfer eindeutig belegt hätten. Statt dessen legte er dem Senatsausschuß sein Tagebuch vor, in das er in den Jahren 1961 und 1962 einzutragen pflegte, was ihm in Unterredungen und Telephongesprächen zu Ohren gekommen war.

Demnach gab es 1961 großen Ärger mit dem Chef der Lockheed-Verkaufsagentur „Deutsche Commerz", mit Günther Frank Fahle. Dieser nämlich hat sich, so Hausers Beobachtung, energisch dagegen gewehrt, daß ein Teil der *Starfighter*-Provisionen, die er für sich beansprucht-

te, an die CSU weitergeleitet werden sollte. Frank Fahle, so Hauser in einer Eintragung am 15. Dezember 1961, habe angerufen „wie von Sinnen. Erster Abzug von der Provision ist nach MF (Bankhaus Merck, Finck und Co.; Anm. d. Red.) München gegangen". Strauß habe, von Hauser darüber informiert, nur gelacht und gemeint: „Geschieht dem alten Nazi ganz recht."

Am 22. 12. 1961 notierte Hauser: „F. Fraime (damals Finanzchef von Lockheed; Anm. d. Red.) wird nach dem 10. Januar nach F/m. (Frankfurt/Main; Anm. d. Red.) kommen, um ein für allemal die Gelddiskussionen FF (Frank Fahle; Anm. d. Red.) FJS (Franz Josef Strauß; Anm. d. Red.) beizulegen." Am 9. 1. 1962 heißt es: „FJS möchte, daß Ermelindes (langjährige Sekretärin von Strauß; Anm. d. Red.) Ehemann Schäffler die Geldüberweisungen an die CSU überwacht. Das aber wirft Probleme auf. Schäffler ist Beamter der Regierung und Lockheed will keine exakten Angaben machen. Auch hat FF Bedenken wegen der Steuer geäußert. Lockheed hat dummerweise zugestimmt, die deutsche Steuer zu umgehen. Offizieller Status ist, daß man kein Büro als Lockheed-Büro in Koblenz hat, sondern nur eine Verbindungsstelle... Ich habe meine Befürchtungen darüber ausgedrückt. Auch FJS sehr besorgt, da deutsche Steuergesetze so offensichtlich ungesetzlich („so flagrantly" heißt es bei Hauser im Original) umgangen würden. Was für ein Ärger."

Adenauer, die „Betschwester"

Eintragung am 10. 1. 1962: „Fraime hier. Traf sich mit F. Fahle hinter verschlossenen Türen. Gerüchte, daß Fahle in US (Dollar; Anm. d. Red.) ausgezahlt werden soll und teilweise in Aktien." — Eintragungen vom 4. 6. 1962: „Ärger mit F. Fahle. Wenn der CSU von Lockheed Geld gegeben wird, müsse das zusätzlich zu seiner Provision gezahlt werden. Die einzige Waffe, die wir haben, ist FF mit Einkommensteuer zu drohen. Wenn er das Geld auf ein US-Konto haben will, muß er einverstanden sein und teilen."

Eintragung vom 22. 7. 1962: „Treffen mit FJS, böses Zeichen: neuer Absturz (gemeint ist der Absturz eines *Starfighters*; Anm. d. Red.) heute. Es ist wirklich hoffnungslos. Die deutsche Luftwaffe ist nicht imstande, so hoch entwickeltes („sophisticated" heißt es bei Hauser im Original) Flugzeug zu fliegen." Und nach einer Party in Nörvenich, wo damals eine ganze *Starfighter*-Kunststaffel in geschlossener Formation abgestürzt war, notierte er: „Gedrückte Stimmung. Major Flade (damals Geschwader-Commodore; Anm. d. Red.) treibt zu sehr an. Die F's sind wirklich nicht ideal dafür. Zu schwer und zu wenig Kraft."

Als Franz Joseph Strauß wegen der *Spiegel*-Affäre aus dem Kabinett Adenauer ausscheiden mußte, lief auch bald die Lockheed-Zeit des Ernest F. Hauser ab. Verbittert meditierte er am 8. Dezember 1962 über Hintergründe des Strauß-Rücktritts, wie sie nur ein Mann sehen kann, der wie Hauser gewohnt ist, die Welt aus der pekuniären Perspektive zu betrachten: „Adenauer hat sich wirklich als eine Betschwester benommen, aber ich glaube nur deshalb, weil die CDU nicht an den Geschäften beteiligt war."

Nr. 12 Hardthöhen-Ermittler prüft Akten der Lockheed-Affäre

Es geht um angebliche Bestechungsgelder an die Strauß-CSU

ppp Bonn/Washington/2.2.1976/ Ein Experte des Referates "Ermittlung in Sonderfällen" (ES) des Bundesverteidigungsministeriums ist mit offiziellem Auftrag nach Washington gereist, um dort Einsicht in die Akten des US-Senatsausschusses für multinationale Konzerne zu nehmen. Vor dem Ausschuß hatte der ehemalige Strauß-Intimus und Repräsentant des amerikanischen Flugzeugherstellers Lockheed Aircraft Corporation in der Bundesrepublik (von 1961 bis 1964), Ernest F. Hauser, ausgesagt, daß im Zusammenhang mit dem Verkauf des "Starfighters" an die Bundeswehr unter dem damaligen Verteidigungsminister Franz Josef Strauß "mindestens zehn Millionen Dollar" Schmiergelder an die CSU gezahlt worden seien. PPP erfuhr am Montag, daß die Dienstreise des Hardthöhen-Ermittlers, Ministerialrat Fritz-Josef Rath, vom zuständigen Staatssekretär, im Bundesverteidigungsministerium, Helmut Fingerhut, genehmigt worden ist. Rath soll prüfen, ob und in welchem Umfang aktive und ehemalige Bundeswehrangehörige sowie andere von Hauser Belastete in die Lockheed-Affäre verwickelt sind.

Als Empfänger von Bestechungsgeldern war von Hauser auch der Name des über seine Südafrika Reise gestolperten Luftwaffen-Generals a.D. Günther Rall genannt worden. Als Rall noch als Oberst den "Starfighter"-Planungsstab der Luftwaffe leitete, will Hauser ihm einen mit Dollarnoten gefüllten Briefumschlag zugesteckt haben. Rall beeilte sich zu dementieren: "Was der Hauser sagt, ist ein Schmarr'n, ich habe keinen Pfennig bekommen!" Auch die Strauß-Partei CSU, über deren Vorsitzenden der ehem. Lockheed-Repräsentant am 26. Juni 1962 in sein Tagebuch schrieb: "Er hat sich beträchtlich beruhigt, seit die Zahlungen an die CSU klappen ...", ließ verlauten, daß weder die CSU noch ihre führenden Persönlichkeiten "mittelbar oder unmittelbar von der Firma Lockheed je einen Pfennig erhalten" hätten. Seit seinen Enthüllungen wird Hauser von einigen seiner früheren Freunde nur noch "Erni das Schwein" genannt.

Ministerialrat Rath hat in Washington nun die Aufgabe, die über hundert maschinengeschriebenen Seiten Protokoll durchzuarbeiten, in denen die Aussagen Hausers vom 6. Oktober 1975 vor dem Senatsausschuß festgehalten sind. Im Bundesverteidigungsministerium erwartet man Klarheit darüber, inwieweit die Aussagen Hausers als glaubwürdig angesehen werden können. Nach Auskunft der Politischen Abteilung der US-Botschaft in Bonn wird das Hearing vor dem Senatsausschuß "möglicherweise eingestellt". Genaue Gründe für diesen Schritt wurden nicht genannt. Die derzeitigen Nachforschungen der Hardthöhe werden von einer wie auch immer gearteten Entscheidung des US-Senats jedoch nicht berührt. Allerdings steht zu befürchten, daß General a.D. Rall keine Gelegenheit mehr bekommen wird, in Washington offiziell die gegen ihn erhobenen Vorwürfe zurückzuweisen.

(hh/22/-/ve)

— haltlos in sich zusammen !!!

Lügengebäude

Die Sozis haben wie immer keine Ahnung vom Geld: Erstens haben wir keinen Dollar bekommen und zweitens zahlt die Firma Lockheed sowieso nicht in Pfennigen! Schon damit bricht dieses

Rätsel um Lockheed-Akten ungelöst

Verteidigungsministerium: Verschwundene Unterlagen nicht auffindbar

Von unserem Korrespondenten Volkmar Hoffmann

BONN, 25. November. Die Untersuchung über das Verschwinden von Lockheed-Akten aus dem Büro des früheren Bundesverteidigungsministers Franz Josef Strauß (1956 bis Ende 1962) gilt im Bundesverteidigungsministerium als abgeschlossen. Der Verbleib der Akten sei offensichtlich nicht mehr aufzuklären, sagte auf Anfrage ein Sprecher des Ministeriums. Dabei verwies er auf ein Schreiben des Staatssekretärs im Verteidigungsministerium, Helmut Fingerhut, vom 21. Oktober 1976 zu diesem Komplex. Zu den Anfragen des SPD-Bundestagsabgeordneten Conrad Ahlers wegen des Abtransportes von Strauß-Akten aus dem Ministerium im Januar 1963 und im Januar 1967 teilte Fingerhut wörtlich mit: „Aus noch vorhandenen Akten der Fachabteilungen ergibt sich lediglich, daß die Akten des Ministerbüros auch mehrere die F 104 beziehungsweise die Firma Lockheed betreffende Vorgänge enthielten."

Am 24. Januar 1967 seien die Akten des früheren Strauß-Ministerbüros einschließlich der dazugehörigen Kartei-karten und Aktenverzeichnisse mittels Lkw in das Bundesfinanzministerium, dessen Chef der CSU-Vorsitzende damals war, überführt worden, erklärte Fingerhut weiter. Da nach Mitteilung des bisherigen Parlamentsreferenten von Strauß, des künftigen CSU-Bundestagsabgeordneten Friedrich Voss die ursprünglich rund 500 Aktenbände bis auf zwölf Ordner inzwischen vernichtet worden seien, lasse sich über den Inhalt der ursprünglich vorhandenen Unterlagen des Ministerbüros keine konkrete Aussage mehr treffen, hatte Fingerhut in der Antwort an Ahlers festgestellt. Jede weitere Fahndung nach den verschwundenen Papieren erscheine aussichtslos, sagte der Sprecher des Ministeriums am Donnerstag.

In Bonn rechnet man damit, daß die künftige CSU-Fraktion im Bundestag die Einsetzung eines Untersuchungsausschusses wegen des Aktenskandals beantragen wird. Die CSU-Landesleitung hatte kurz vor der Bundestagswahl eine parlamentarische Untersuchung angekündigt. Sie soll sich allerdings nicht mit dem mysteriösen Abtransport der Akten, sondern mit dem Verhalten von Staatssekretär Helmut Fingerhut und dem Sprecher des Ministeriums, Armin Halle, befassen, denen von der CSU „grobe Amtspflichtsverletzung" wegen der Aktenäußerungen vorgeworfen wird. Beide hätten wider besseres Wissen den Eindruck erweckt, daß die Lockheed-Akten im Auftrag von Strauß beiseite geschafft wurden.

MÜLLKIPPE

Typisch! Immer ich!!

Bonn erwartet Strauß-Klage

In Bauskandal mit Kapfinger verwickelt?

Von unserem Bonner Büro

Bonn. Die Sozialdemokraten haben gestern Verteidigungsminister Strauß aufgefordert, unverzüglich zu Berichten Stellung zu nehmen, die sich mit seinen angeblichen geschäftlichen Verbindungen zu dem Passauer Verleger Dr. Hans Kapfinger befassen. Außerdem solle Strauß dagegen Verleumdungsklage erheben. Das Verteidigungsministerium lehnte gestern jede Stellungnahme dazu mit der Begründung ab, der Minister sei nicht in Bonn.

Das Nachrichtenmagazin „Der Spiegel" hatte sich in seiner letzten Ausgabe erneut mit der Gründung der FIBAG beschäftigt, einer Baugesellschaft, die für 300 Millionen DM Wohnungen für Angehörige der amerikanischen Streitkräfte in Deutschland bauen wollte. Ein Anteil von 25 Prozent dieser Gesellschaft gehörte dem Passauer Verleger Hans Kapfinger. Minister Strauß unterstützte diese Bemühungen durch ein Schreiben an den amerikanischen Verteidigungsminister Gates, in dem er die Entwürfe des FIBAG-Teilhabers Schloß den Amerikanern besonders empfahl und erklärte, diese Arbeiten seien vom Verteidigungsministerium geprüft worden. Inzwischen hat sich herausgestellt, daß diese Pläne unzureichend waren.

„Der Spiegel" zitiert nun eine eidesstattliche Erklärung eines weiteren FIBAG-Teilhabers, Karl Willy Braun, derzufolge Dr. Kapfinger erklärt haben solle, er müsse leider seinen Anteil von 25 Prozent leider mit Strauß teilen. Diese Affäre hatte den Bundestag schon einmal im Sommer letzten Jahres beschäftigt. Damals hatte Strauß mit allem Nachdruck dementiert, irgendeine Verbindung zur FIBAG gehabt zu haben.

In Bonn erwartet man jetzt eine Verleumdungsklage des Ministers gegen Dr. Kapfinger. Der SPD-Vorstand vertrat gestern durch seinen Pressesprecher die Auffassung, daß der Bundesverteidigungsminister angesichts der massiven Vorwürfe und Beschuldigungen, die in dem Hausbau-Affäre-Artikel des „Spiegels" enthalten seien, „noch heute" Strafantrag wegen Verleumdung stellen müsse. Außerdem sollte Strauß noch einmal seine Antworten auf die entsprechende „kleine Anfrage" der SPD vom Sommer klarstellen, weil sie nach der „Spiegel"-Darstellung falsch sein müßten. (Siehe auch Kommentar.)

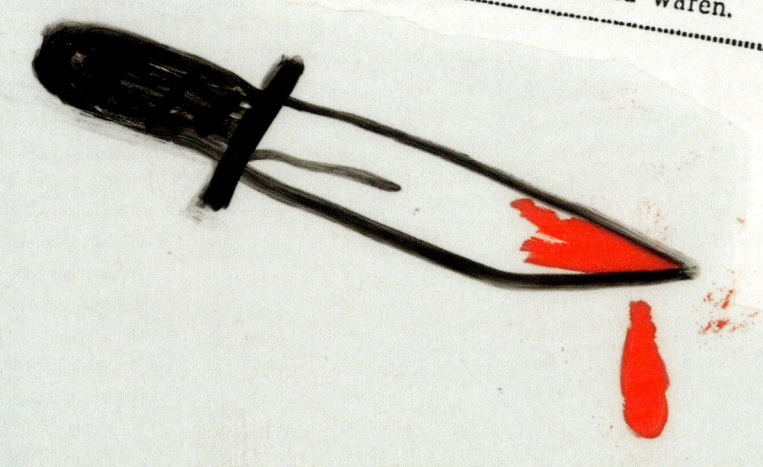

"SPIEGEL"-Lüge!!

Kapfinger: Strauß wußte von nichts !!!

Der Passauer Verleger sagt vor dem Landgericht Nürnberg zur „Fibag"-Affäre aus

Von unserem Korrespondenten wfm. Nürnberg, 4. März

Der Rechtsstreit des Bundesverteidigungsministers Strauß gegen das Nachrichtenmagazin „Spiegel" wird am Montag vor einer Zivilkammer des Nürnberger Landgerichts fortgesetzt. Das Hamburger Nachrichtenmagazin hat Widerspruch gegen eine einstweilige Verfügung vom 4. Februar dieses Jahres erhoben, die Strauß wegen eines Aufsatzes „Kapfingers Erzählungen" erwirkt hatte. Der Minister bezeichnete diese Veröffentlichung als Angriff gegen seine Person „als Mensch und Politiker".

Die einstweilige Verfügung, um die es geht, verbietet dem „Spiegel", zwei Behauptungen weiterzuverbreiten: 1. Der Verteidigungsminister habe das „Fibag"-Projekt zur Errichtung von amerikanischen Soldatenwohnungen in der Bundesrepublik „in der Absicht und zu dem Zweck gefördert, an dem Gewinn des Unternehmens beteiligt zu werden". 2. der Minister habe dem „Fibag"-Teilhaber Lothar Schloß „Aufträge im Wert von 200 000 DM zugesichert und bei den Finanzbauämtern nachgefragt, ob diese Aufträge auch richtig placiert würden".

Für Montag sind Beamte des Bundesverteidigungsministeriums und des Bundesschatzministeriums als Zeugen nach Nürnberg geladen. Am vergangenen Freitag hatten die Zeugen Schloß und Braun den Verteidigungsminister belastet. Sie sagten als „Fibag"-Gründer übereinstimmend aus, die „Kapfinger-Gruppe" habe in den Augen der anderen Partner aus dem Passauer Verleger Kapfinger und dem Minister bestanden.

Das Gegenteil bekundeten als Zeugen Kapfinger und der Münchener Filmkaufmann Winkel, die sich ebenfalls beide als „Fibag"-Teilhaber bezeichneten. Sie sagten, sie hätten gemeinsam die „Gruppe Kapfinger" dieser Gruppe bildet. Die Sonderstellung bestand darin, daß sie an dem Gründungskapital von 500 000 DM mit 125 000 DM beteiligt werden sollte, ohne eine Bareinlage zu erbringen. Schriftliche Vereinbarungen zwischen Kapfinger und Winkel konnten dem Gericht nicht vorgelegt werden.

Der Passauer Verleger sagte aus: „Ich habe niemals dem Minister Strauß eine finanzielle Beteiligung an der Aktiengesellschaft versprochen." Kapfinger bestritt jedoch nicht, nach der Unterzeichnung des „Fibag"-Vorvertrages gesagt zu haben: „So viel Geld — schade, daß ich es teilen muß." Der Partner, mit dem er seinen Anteil von 25 Prozent zu teilen gehabt hätte, sei jedoch nicht Strauß sondern Winkel gewesen.

Als Zeuge wurde Winkel daraufhin vom Vorsitzenden gefragt: „Was sollten Sie in die AG als Gegenleistung für Ihren Anteil einbringen?" Die Antwort war: „Nichts." Als daraufhin ein Raunen im Saal zu hören war, verbesserte sich Winkel: „Die Idee zur Durchführung." Worin diese Idee bestehen sollte, vermochte der Zeuge dem Gericht aber nicht zu sagen.

Kapfinger bestätigte, daß ihn mit Strauß eine Duzfreundschaft verbinde. Der Minister fragte trotzdem seinen Freund aus Passau, deutlich distanziert: „Billigen Sie mir zu, daß ich in der ungefähren Kenntnis Ihrer früheren Bemühungen um Niederbayern annehmen konnte, ein persönliches Interesse Ihrerseits an dem Projekt wäre nicht gegeben?" Das bejahte der Verleger. Strauß habe von ihm nie etwas über eine Firma namens „Fibag" erfahren.

Lächerlich! Als Erbe Adenauers hatte ich doch sowas gar nicht nötig!!

Strauß gewinnt gegen Spiegel

Widerspruch gegen einstweilige Verfügung abgewiesen

Von unserem Mitarbeiter

dt. NÜRNBERG, 6. Oktober

Die Zweite Zivilkammer beim Landgericht Nürnberg bestätigte am Freitag die einstweilige Verfügung, die Bundesverteidigungsminister Strauß am 8. Juli dieses Jahres gegen den Herausgeber des Nachrichtenmagazins Der Spiegel, Rudolf Augstein, erlassen hatte. Danach war Augstein untersagt worden, einen Artikel, in dem Strauß als Person und Politiker scharf angegriffen worden war, ganz oder auszugsweise weiterzuverbreiten. Der Antragsteller hatte geltend gemacht, daß der Bericht im Spiegel mehr als 100 Beleidigungen und üble Nachreden enthalte.

Der Vorsitzende der Zweiten Zivilkammer erkannte in der Urteilsbegründung der Presse das Recht zu, an der politischen Willensbildung mitzuwirken. Gleichzeitig habe die Presse aber die Pflicht, auch wahrheitsgemäß zu berichten. Unverantwortlich sei die Weitergabe unwahrer Berichte. Der Strauß-Artikel im Spiegel habe dem Leser ein falsches Bild von der Person des Verteidigungsministers vermittelt. Teilweise seien Zitate mit voller Ab-

sicht geändert worden. Auf diese Weise sei der Antragsteller Strauß beleidigt und verunglimpft worden.

So ist's recht! Am Boden zerstört!

Eine Kette bösartiger Verleumdungen

Was der CSU-Vorsitzende Strauß dem Fernsehmagazin „Panorama" schrieb

„In einem persönlichen und privaten Brief an Dr. Heinrich von Brentano habe ich mich im Oktober 1962 dagegen ausgesprochen, daß Persönlichkeiten des öffentlichen Lebens durch raffinierte Methoden und besondere Technik der Verleumdung und Irreführung, die den Leser zu falschen Kombinationen und Schlußfolgerungen veranlaßt, politisch ausgeschaltet werden. Ich habe die Gefahr beschrieben, daß letztlich Herr Augstein bestimmt, wer welche politischen Spitzenpositionen einnimmt. Was ich damals festgestellt habe, ist in der Zwischenzeit geradezu sensationell bestätigt worden. Auch der KGB in Moskau hat die Wirksamkeit dieser Diffamierungsmethoden hoch eingeschätzt. Der 1968 in den Westen übergelaufene ehemalige hochrangige tschechoslowakische Geheimdienstoffizier, General Sejna, hat in seinem 1982 erschienenen Buch ‚We will bury you' geschrieben: ‚Wir taten alles, was wir konnten, um die Christlichen Demokraten zu diskreditieren und ihre Führer, vor allem Franz Josef Strauß, zu kompromittieren: wir hatten zum Beispiel hervorragende Kanäle zu gewissen bedeutenden westdeutschen Magazinen, die wir für unsere Schmutz-Operationen gebrauchten.'

Da haben Sie es schwarz auf weiß!

Aber so blöd war ich nicht, bin ich
nicht und werde es auch nie mehr sein,
daß ich meinen zahlreichen politischen
Gegnern die Frage nach dem CUI BONO*
des angeblichen Racheaktes am „Spiegel"
gleich selbst beantwortet hätte. Das wäre
ja ebenso intelligent gewesen, wie wenn
jemand im Fluß eine in einen
Sack fest verschnürte Leiche findet und
sagt: Selbstmord erscheint ausgeschlossen!
Natürlich habe ich nie mit mir Schind-
luder treiben lassen, ohne diejenigen
in das Gegenteil von dem treten,
was sie aus ihrem Munde herauslassen!

---

* WEM NÜTZT ES?

Aber mit dieser „Spiegel"-Geschichte hatte ich ABSOLUT NICHTS ZU TUN! Ich wußte nicht, was kommt; ich wußte nicht, wann es kommt; ich wußte nicht, gegen wen es kommt. TROTZDEM nahm ich einen Teil der Schuld sowie alle dazugehörigen Angriffe SINE IRA ET STUDIO* auf mich, worüber sich damals meine Frau Marianne wirklich sehr wunderte. Schließlich kannte sie mich und wußte AB OVO**, was bis heute ein streng gehütetes Staatsgeheimnis war und von mir nur deshalb aufgedeckt wird, weil alle Der direkt Beteiligten mittlerweile das Zeitliche

---

* SOGAR IM STUDIO OHNE ZORN
** VON ANFANG AN

gesegnet haben, daß nämlich Adenauer nicht nur unser Trauzeuge, sondern auch der alleinige Urheber und Drahtzieher der „Spiegel"-Affäre war!! Adenauer hatte die Redaktionsräume durchsuchen und sowohl Augstein als auch Ahlers verhaften lassen. Ich hatte diesbezüglich nur Amtshilfe geleistet! Es ging übrigens bei der Sache keineswegs um NATO-Geheimnisse, sondern um die Trinkgewohnheiten des Kanzlers.

Augstein, bei dem Jahre später angeblich Haschisch in der angeblichen Manteltasche gewesen sein soll, hatte Adenauer öffentlich als ~~einen~~ heimlichen Trinker bezeichnet, was ebenso falsch wie erlogen war. Adenauer war nämlich keineswegs ein heimlicher (!) Trinker, er konnte im Gegenteil geradezu unheimlich saufen. Oft hatte sogar ich Mühe, mit dem „Alten" Schritt zu halten. Ich weiß noch wie heute, daß Adenauer, sonst kein typischer Altphilologe, bei Tische immer sagte: „PISCES NATARE OPORTET* und noch ein paar Flaschen seines geliebten „Himmlischen Moseltröpfchens" bestellte, auch wenn gar kein Fisch auf die Teller kam. Da kam dem Kanzler die NATO-Geschichte im „Spiegel" gerade recht, um diesem Herrn Augstein das Maul zu stopfen!

* FISCHE MÜSSEN SCHWIMMEN

Als „Vater aller Füchse" wußte er natürlich, daß niemand ihn verdächtigen würde, sondern aller Verdacht auf mich fallen mußte. Adenauer handelte wenn irgend möglich nach dem Prinzip „WEIT VOM SCHUSS GIBT ALTE KRIEGER" und rief mich am Tag vor der Aktion* zu sich und sagte: „Herr Strauß, ~~wo~~ Sie müssen mich decken und für mich lügen, sonst erzähle ich Ihrer jungen Frau, wat ich über Sie weiß!" Das war typisch für Adenauer. Ohne lange Schnörkel kam er zur Sache. Ich wußte, was da auf mich zukommen würde, aber die Staatsräson ließ mir keine Wahl. Ich fügte mich dem Wunsch des Kanzlers

---

* AUF EIN FLÄSCHCHEN

und sprach : SI FRACTUS ILLABATUR ORBIS, IMPAVIDUM FERIENT RUINAE ! * Adenauer, dem ich diesen Ausspruch übersetzen mußte, meinte, es werde wohl so schlimm nicht kommen. Aber leider kam es noch viel schlimmer ! Ich mußte aus dem Kabinett ausscheiden, was ich der F.D.P. bis zum Jüngsten Tage nicht vergessen werde, und sollte es noch so lange dauern! Meiner Frau Marianne sagte ich aus verständlichen Gründen** nicht die ganze Wahrheit, obwohl sie sich über meine Selbstlosigkeit und Kanzlertreue sehr wunderte. Ich sagte ihr, daß man zwar immer die Wahrheit sagen soll, aber

---

* WENN DAS WELTALL ZUSAMMENSTÜRZT, DIE TRÜMMER WERDEN AUF EINEN UNERSCHROCKENEN FALLEN !
** STAATSSICHERHEIT !

NUBES ATRAE IN CAELO CONVOLUI UIDEBANTUR ...*
* Man sah, daß sich schwarze Wolken am Himmel zusammenballten ...

man soll nicht immer die Wahrheit sagen.
Außerdem seien Widersprüche in der nach-
träglichen Darstellung eines so komplizierten
Vorgangs selbstverständlich und man
müsse auch zwischen Unrichtigkeit und
Lüge endlich einmal den richtigen
Unterschied ziehen. Lüge heißt, in
Kenntnis der Wahrheit – also bewußt –
die Unwahrheit sagen. Etwas Unrichtiges
kann jeder sagen, der nach dem je-
weiligen Stand der Erkenntnis das
wiedergibt, was er weiß, aber später in
Einzelheiten etwas korrigieren muß.
Das reichte ihr. Jahre später machten
wir uns einen Spaß daraus, den Kindern

Die fünf Bundesminister der FDP erklären ihren Rücktritt

Regierung ohne „personelle Belastungen" gefordert

Der Name Strauß nicht erwähnt

Von unserem Korrespondenten

wfm. Nürnberg, 19. November

Die fünf Bundesminister, die der FDP angehören, haben am Montag ihren Rücktritt erklärt. Bundeskanzler Adenauer wurde telegraphisch gebeten, den Bundespräsidenten um die Entlassung der Minister zu ersuchen.

Die im vergangenen Herbst nach mehrwöchigen Schwierigkeiten zustande gekommene Regierungskoalition der CDU/CSU mit den Freien Demokraten, die bisher über 309 stimmberechtigte Abgeordnete im Bundestag verfügte, ist damit zumindest vorläufig aufgekündigt worden.

Bundesvorstand und Bundestagsfraktion der Freien Demokraten, die am Montag in Nürnberg fast drei Stunden lang berieten, billigten den Rücktritt der Minister einstimmig. Einer von den Freien Demokraten anschließend veröffentlichten Pressemitteilung ist zu entnehmen, daß sie ihre Zusammenarbeit mit den bisherigen Koalitionspartnern zwar fortsetzen möchten, jedoch für eine Bundesregierung „frei von personellen Belastungen" eintreten. Der Rücktritt des Bundeskanzlers wurde nicht gefordert, jedoch eine Umbildung der gegenwärtigen Bundesregierung.

Der Name des Bundesverteidigungsministers Strauß ist in dem Kommuniqué nicht enthalten, obwohl gerade sein Verbleiben im Kabinett von der FDP als „untragbar" bezeichnet wird. Prominente Politiker der Freien Demokraten äußerten jedoch in Nürnberg, daß sie nicht nur mit dem Verteidigungsminister, sondern auch mit dem Bundesinnenminister Höcherl nicht einverstanden seien.

Die Regierungsmitglieder, die ihren Rücktritt erklärten, sind Bundesjustizminister Stammberger, Bundesfinanzminister Starke, Bundesschatzminister Lenz, Bundesvertriebenenminister Mischnick und der Bundesminister für Entwicklungshilfe, Scheel. Sofort nach dem Beschluß des Bundesvorstandes und der Bundestagsfraktion wurden Sonderminister Krone, der geschäftsführende Bundesvorsitzende der CDU, Dufhues, der Fraktionsvorsitzende der CDU/CSU von Brentano, und der Vorsitzende der Bonner CSU-Landesgruppe, Dollinger, telegraphisch informiert.

(Fortsetzung Seite 2, Spalten 4 bis 6)

'62

Ich hab's ausbaden müssen!
An den Adenauer haben sie
sich nicht hingetraut, die
F.D.P.-Feiglinge!!!

an praktischen Beispielen Deutsch-Unterricht zu geben. Einmal war die Steigerung der Adjektive dran und ich sagte:
„Der Spiegel ist mir lieb und wert. Wie lautet der Komparativ?" Die Monika sagte richtig: „Der Spiegel ist mir lieber und werter." „Sehr gut", sagte ich, „und wer weiß jetzt den Superlativ?"
Keiner wußte ihn. Da sagte ich:
„Der Spiegel ist mir am liebsten am Allerwertesten!"

Die Zeitungsausschnitte stammen aus der Abteilung „Pressedokumentation" des Deutschen Bundestages, bei deren Leiter Dr. Keim ich mich aufs Herzlichste bedanke.

Das Kohl-Komplott

Eine der größten Täuschungen und Irreführungen
der Öffentlichkeit in der Geschichte der Bundesrepublik,
die ich hier schonungslos und mit Nennung von Roß und
Reiter offenlege, ist die von jedermann als gegeben
genommene angebliche Rivalität,
ja sogar Feindschaft, die zwischen mir und
Helmut Kohl geherrscht haben soll. Es hieß,
ich hätte ihn

    a) für vollkommen unfähig gehalten u. ihm
    b) dauernd Knüppel zwischen die Beine geworfen.

Ein Lügengebäude ohne Beispiel, das aber aus-
nahmsweise NICHT von den berufsmäßigen Fälschern
und Verleumdern meiner Person in die ahnungslose
Welt gesetzt worden ist! Der Architekt dieses
Lügengebändes war ich! Sozusagen der Reiter.
Das Roß kommt gleich.
In Wahrheit habe ich Helmut Kohl keineswegs

    a) für vollkommen unfähig gehalten und
    b) waren die Knüppel, die ich ihm zwischen die
    Beine geworfen habe, reine Ablenkungsmanöver!

Und warum das alles? Passen S' auf ....

Entgegen anderslautenden, von mir weder authorisierten noch nichtauthorisierten, teils richtigen, teils falschen Aussagen wollte ich selbstverständlich Bundeskanzler werden! Ich bin zwar nie nachts weinend im Bett gesessen, um den Ruf des Volkes nicht zu über- hören, aber gewartet habe ich schon! Und ich hätte auch ganz leicht Bundeskanzler werden können, aber dazu hätte ich von München nach Bonn ziehen müssen – und das wollte ich nicht. Wenn München Residenzstadt der Bundes- republik geworden wäre, ja dann... Also mußte ich mir etwas einfallen lassen! Wenn ich in Bonn regieren und trotzdem in München sein wollte, dann mußte ich einen anderen zum Kanzler machen, der das a) wollte, b) nicht konnte und c) wußte, daß er es ohne meine Hilfe weder werden noch bleiben würde! Für diese Rolle kam von allen meinen politischen Freunden in der Union nur einer in Frage: Helmut Kohl!

Also ließ ich ihn nach München kommen und sagte zu ihm: „Helmut, du willst Bundeskanzler werden, aber du kannst es nicht ohne mich."
„Jawohl", antwortete er. Darauf ich: „Helmut, ich mache dich zum Bundeskanzler, wenn du machst, was ich dir sage!"
„Jawohl", antwortete er, „aber es darf keiner was merken, höchstens die Hannelore."
„Das ist kein Problem", sagte ich. Wir spielen Feinde, und ich nehme dich als Kanzler nicht für voll, d.h. ich tue nur so und gebe dir so oft es geht eine politische Watsch'n, dann merken die Leute nix."
„Und wie gibst du mir deine Befehle?" fragte der Helmut.
„Das wirst du schon noch merken", sagte ich.
So begann unser Täuschungsmanöver, dem ich später den Namen Kohl-Komplott gegeben habe.

Helmut ist ein Depp!

72

Jetzt galt es, Helmut Kohl zum Kanzler zu machen!
Keine leichte Aufgabe! Amtierender Bundeskanzler
war damals ein gewisser H. Schmidt,
der mit Hilfe eines DDR-Spions *)
Kanzler geworden war. Dann kamen die Bundestagswahlen von 1980.
Ich überlegte: Macht die Union den
Kohl zum Kanzlerkandidaten, geht
er mit PAUKEN und Trompeten
unter, das galt übrigens auch für den ehemaligen
Butterkeks-Verkäufer Ernst Albrecht **).
Das würde dem Schmidt soviel ⇑⇑
Auftrieb bringen, daß die Leute
in seiner Partei, die ihn loswerden
wollten, keine Chance mehr hätten.
Nur ich hatte rebus sic stantibus eine reelle Chance, das sozial-
liberalistische Machtkartell aus dem Sattel zu heben!
Aber ich wollte ja nicht MICH, sondern H. Kohl
zum ~~Kanzler machen~~ meinem Kanzler machen.

---

*) sein Vorgänger mußte wegen des DDR-Spions Guilleaume, der
bis zum persönlichen Referenten des Kanzlers aufgestiegen war,
zurücktreten. Schmidt wurde Nachfolger, offenbar hatte die SPD
keinen anderen.

**) Ernst Albrecht war vor seiner politischen Laufbahn bei einer
Hannoveraner Keksfabrik angestellt. Er hätte dort bleiben
sollen!!

Es mußte jemand sein, der gegen Schmidt (SPD) nur ganz knapp verliert, so daß Schmidts Parteifreunde ausreichend Munition 🟡🟡 bekämen, um ihn abschießen 🔫 zu können! Ich wußte, daß dieses politische Kunststück nur einer fertigbringen konnte: Ich!

So entschloß ich mich, Kanzlerkandidat der Union zu werden! Mein anfängliches Zögern ist oft mißverstanden worden, auch von meinen Parteifreunden Fritz Zimmermann u. Edmund Stoiber, die in das Kohl-Komplott nicht eingeweiht waren, weil sie bestimmt nicht dichtgehalten hätten.

Wie aber konnte ich sichergehen, die Bundestagswahlen nicht zu gewinnen? Das war leichter gesagt als getan. Schließlich wirkten alle anderen Politiker neben mir wie Gartenzwerge oder sonstige Pygmäen, das darf ich bei aller gebotenen Bescheidenheit hier einmal festhalten.

Daß mein „Konkurrent" Schmidt diesen Nachteil mit extra hohen Absätzen auszugleichen versuchte, hat ihm letzlich auch nichts genützt....

Auch die Versuche der Wahlkampf-Strategen der Union, mein Erscheinungsbild z.B. vermittels veränderter Haartracht zu verbessern (!), erschienen mir ebenfalls höchst ungeeignet, meinen sicheren Wahlsieg zu verhindern.

Modell „Punk": Gefiel mir eigentlich aufgrund seiner fröhlichen Ausstrahlung ganz gut. Konnte jedoch eventuell den Verdacht wecken, daß ich mit dem rot-grünen Chaos sympathisiere. Deshalb: abgelehnt!

Modell „Virtuose": Für einen Musikliebhaber wie mich ein durchaus reizvoller Vorschlag, der aber nicht eindeutig zum Ausdruck brachte, daß mir ein Paukenschlag lieber ist als eine Violinsonate. Deshalb: abgelehnt.

Modell „Othello": Sehr kleidsam. Aber ich befürchtete diplomatische Komplikationen mit Südafrika. Deshalb: abgelehnt.

Modell „Dschingis Khan": Ein gewagter Vorschlag, der aber meiner mir innewohnenden Dynamik entsprach. Leider gefiel meiner Familie der mittlerweile hochmodische Stoppelbart nicht. Deshalb: abgelehnt.

Modell „Windstoß": Ein sehr guter Vorschlag mit
starker Symbolik für Rückenwind, ohne den es auch
in der Politik nicht geht. Sei aber schwer zu kämmen,
deshalb: leider abgelehnt. Ich blieb, wie ich war.

PS: Die eindrucksvollen Frisuren hat der begabte junge Haar-
künstler Manfred Kraft aus Ottobrunn gestaltet. Bravo!

Es blieb aber auch das Problem, meinen Wahlsieg zu verhindern. Wie so oft half mir da ein Blick auf die Führungsriege der CDU! Ich stellte ein sog. Schattenkabinett zusammen und die Aussicht auf eine derartige Regierungsmannschaft genügte, um der ~~FDP~~ SPD und damit Herrn Schmidt den Wahlsieg zu sichern, als dessen Folge er stürzen sollte – um für Helmut Kohl den Weg ins Kanzleramt freizumachen! Mein politisches Kalkül ging völlig auf. Herr H.D. (Hans Dampf) Genscher, der das Ende der sozial-liberalen Herrlichkeit längst gerochen hatte, war schon zu uns übergelaufen. Dem ist jede Regierung recht, vorausgesetzt, er gehört ihr an. Gleichzeitig hatte Helmut Kohl – meinem Rat folgend – Otto Graf Lambsdorff das Wirtschaftsressort angeboten, was diesen selbsternannten Gralshüter der Marktwirtschaft veranlaßte, in einem Memorandum genau die Politik zu verteufeln, die er 13 Jahre lang mitverantwortet hatte!

Nur zwei Jahre nach diesen von mir geplanten Vorgängen mußte Schmidt zurücktreten und

am 1. Oktober 1982 wurde Helmut Kohl zum Bundeskanzler gewählt!

Phase I des Kohl-Komplotts war damit erfolgreich abgeschlossen. Jetzt begann der bei weitem schwierigste Teil des Kohl-Komplotts: Helmut Kohl mußte ja im Amt bleiben. Dazu war es nötig, ihm meine Politik zu erklären, jedenfalls soweit er sie zu ihrer Durchführung verstehen mußte ..
Ich will gar nicht bestreiten, daß der Helmut immer guten Willens war, aber manchmal habe ich schon meine ganze Geduld, meine ganze patientia (wie wir Lateiner sagen) gebraucht. Bekanntlich habe ich ihm die politischen Nachhilfestunden immer auf langen Bergwanderungen erteilt. In Bonn wäre es nicht gegangen, da hätten die dümmsten Hanswürsten im Kanzleramt etwas merken müssen. Außerdem gab es bei den Bergspaziergängen bayerische Brotzeit, die ich viel

Lieber mag als den Pfälzer Saumagen, den der Helmut dauernd auftischt und zu dessen Verdauung man einen ebensolchen nötig hat. Weniger bekannt dürfte sein, daß ich Helmut Kohl anläßlich der Wanderungen

auch in die Geheimnisse der lateinischen Sprache einzuführen versuchte. Latein fördert das logische Denken, und da fehlt's bei ihm ganz besonders. Hoffentlich macht er auch ohne mich weiter.

„Spiegel": Strauß nennt Kohl unfähig

Magazin veröffentlicht schwere Vorwürfe gegen die CDU

Hamburg. (ap/dpa) In der gespannten Atmosphäre zwischen der bayerischen CSU und der CDU nach Aufkündigung der Koalitionsgemeinschaft dürften neue schwere Vorwürfe des CSU-Vorsitzenden Josef Strauß gegen die CDU und besonders gegen ihren Kanzlerkandidaten der Union, Helmut Kohl, für neuen ... Strauß nach einer Veröffentlichung des ... Spiegel" Kohl totale Unfähigkeit ... in Europa völlig versagt.

in der CDU die Anpassung an die Ostverträge propagiert haben à la Leisler Kiep, werden dann sagen, jetzt müssen wir uns anpassen an die unaufhaltsame Entwicklung. Und wer immer — ich weiß, daß man hier wie ein Herkules beinahe den Weltball auf den Schultern trägt — sich dagegen wendet, der muß dann Tausende Stunden diskutieren, ... ein Ausbruchsversuch aus dieser Pygmäen ... dieser Zwergen-Menta ...

Strauß erklärt: Ich hasse Kohl!

Carstens bestürzt / Bar...

Riesenkrach in der Union! Er... Strauß hat wieder einmal zu... Und zwar nicht im stillen ... dern in aller Öffentlichkei... Dutzend Zeugen: „Ich ve...

Der Bruderzwist wurde in ... der Union mit Bestürz ... zur Kenntnis genomm ... Fraktionschef Carstens ... seiner engsten Umgeb ... „Ich mag Kohl ja auch ... besonders. Aber m ... das den ... hin ...

Wieder Kritik von Strauß an Kohls Regierungsstil

Kritik am Regierungsstil von Bundeskanzler ... Kohl (CDU) hat der CSU-Vorsitzende ... München (dpa) ... yerische Ministerpräsident Franz Josef ... übt. In einem Interview des Münchner ... nnte Strauß die Grundlinien der Poli ... skanzlers richtig. Jedoch gebe das ... ser Politik und das Zustande- ... en Anlaß". „sicherlich zu kri ... g des amerikanischen SDI- ... den Koalitionsparteien an ... anderen Fällen" ein klä ... das ... unerläßlich, ... der

Strauß lacht über Kohl

BamS: Kanzler Kohl hält den Streit in der Union für beendet. Spricht von unsinnigem und unnötigem Lärm um nichts ... **Strauß:** Ich vernehme die Äu... ... rungen von Bundeskanz ... ... ohl mit große ...

net, den Regen durch Erklä- rungen in Sonnenschein umzu- wandeln. **BamS:** Stimmt es ... erst ...

Die Journalisten haben das Märchen von der angeblichen Feindschaft zwischen mir und Helmut Kohl sofort geglaubt. Diese Klugscheißer sind mir ganz schön auf den Leim gegangen. Das hat Spaß gemacht!

Nicht einmal im Urlaub wollte Helmut auf meine Ratschläge verzichten! Weil ich ihn nicht im Stich lassen wollte, versäumte ich es selbst im schlimmsten Regierungs-~~trouble~~ trubel nicht, ihn täglich anzurufen ..

Eine typische Szene ...

Helmut Kohls politische Begabung zeigte sich auch daran, daß er meine überragende Kompetenz auf allen Gebieten anerkannte und sich darüber im klaren war, daß er meine leitende Hand so nötig hatte wie ein Fisch das Wasser.

Selbstverständlich mußte Helmut Kohl Fehler machen.
Politische Pleiten wie die sog. Kießling-Affäre (bei
der man diesen Möchtegern-Politiker Wörner hätte im
hohen Bogen und ein für alle Mal hinauswerfen müssen)
oder die unerfreuliche Angelegenheit mit den sogen.
Parteispenden waren reine Absicht u. beruhten
auf meinen Anweisungen! Selbst die größten
Strohköpfe und unfähigsten Kabinettskasperl wären
ja mißtrauisch geworden, wenn Helmut Kohl, den
sie doch alle kannten, ohne jede Panne von
Erfolg zu Erfolg geeilt wäre. Diese Pannen wie-
derum boten die Anlässe, um die eingeplanten politischen Watsch'n zu verabreichen, auch wenn ich
mich im GROSSEN GANZEN doch sehr zurückhielt.
Ebenso mußte ich neben den
geheimen Anweisungen ab und
zu auch öffentliche Befehle
an Kohl richten ⟶
Völliges Stillschweigen hätte
man mir nicht geglaubt…
All das gehörte zum Spiel.

Strauß: Der Bundeskanzler muß den Bocksbeutel schützen

München (dpa)
Bayerns Ministerpräsident Franz Josef Strauß
hat Bundeskanzler Helmut Kohl aufgefordert, alles für eine umfassende Schutzvorschrift der
Bocksbeutelflasche im Gemeinschaftsrecht der
EG zu tun, da der Europäische Gerichtshof den in
der deutschen Weinverordnung enthaltenen
Schutz des fränkischen und des badischen
Bocksbeutels als Verstoß gegen EG-Recht bezeichnet. Heute sei es der Schutz des Bocksbeutels, morgen könne es das jahrhundertealte Rein-
heitsgebot für Bier sein, das gleichmacherischen
und einebnenden Europanormen geopfert werde,
schrieb Strauß nach Angaben seiner Staatskanz-
lei an Kohl.

Die schonungslose Offenlegung des Kohl-Komplotts gebietet mir, hier einzugestehen, daß auch der Spottname Birne von mir stammt.

Allerdings hatte ich in der Hoffnung, daß ihm ab und zu ein Licht aufgehen möge, eher an die elektrische Birne gedacht, fand aber (im Gegensatz zu Kohl) bald Gefallen an der gärtnerischen Variante, die - wie ich weiß - im Volk nach wie vor sehr populär zu sein scheint.

Ein Kanzler muß populär sein, und wenn es nur der Spitzname ist. Sicher wird mein Freund Helmut nicht glücklich sein, daß das Kohl-Komplott jetzt kein Geheimnis mehr ist, aber ich kann ja

a) nicht in alle Ewigkeit auf ihn aufpassen u.

b) ist es mir hier oben vollkommen Wurscht, wer in Bonn Kanzler ist!

Aber noch heute freut's mich, daß ich sie alle hereingelegt habe: den überschlauen Genscher, den Alles-besser-Wisser Hans Jochen Vogel, die ganzen Vorturner meiner CSU, die alle glauben, das politische Pulver erfunden zu haben, aber jeder für sich und vor allem die Leimsieder von der CSU, die das Wort Politik nur deshalb mit P schreiben, weil es auch der Anfangsbuchstabe von Pension ist! Beim Geißler war ich nie ganz sicher, ob er das Kohl-Komplott durchschaut hat oder nicht. Den stelle ich jederzeit auf die selbe Stufe mit einem niederbayerischen Viehhändler (bei dem ich mich dafür jetzt schon vorsorglich entschuldige!)

Die Honecker-Milliarde

Die Honecker-Milliarde

Neben der Erfindung des Schießpulvers und der durch mich erfolgten Gründung der CSU-CDU hat kein Ereignis der letzten Jahre die Gemüter hierzulande derart bewegt, wie der 1983 von mir eingefädelte Milliarden-Kredit für die DDR! (Auf der Abbildung rechts ⟶ sehen Sie die Original-Einfädel-Utensilien) Sogar in meiner CSU haben damals viele gemeint, ich wäre, dem Zeitgeist hinterherhechelnd, auf meine alten Tage ~~noch~~ zum Philokommunisten geworden. Oh mei. Ich doch nicht.

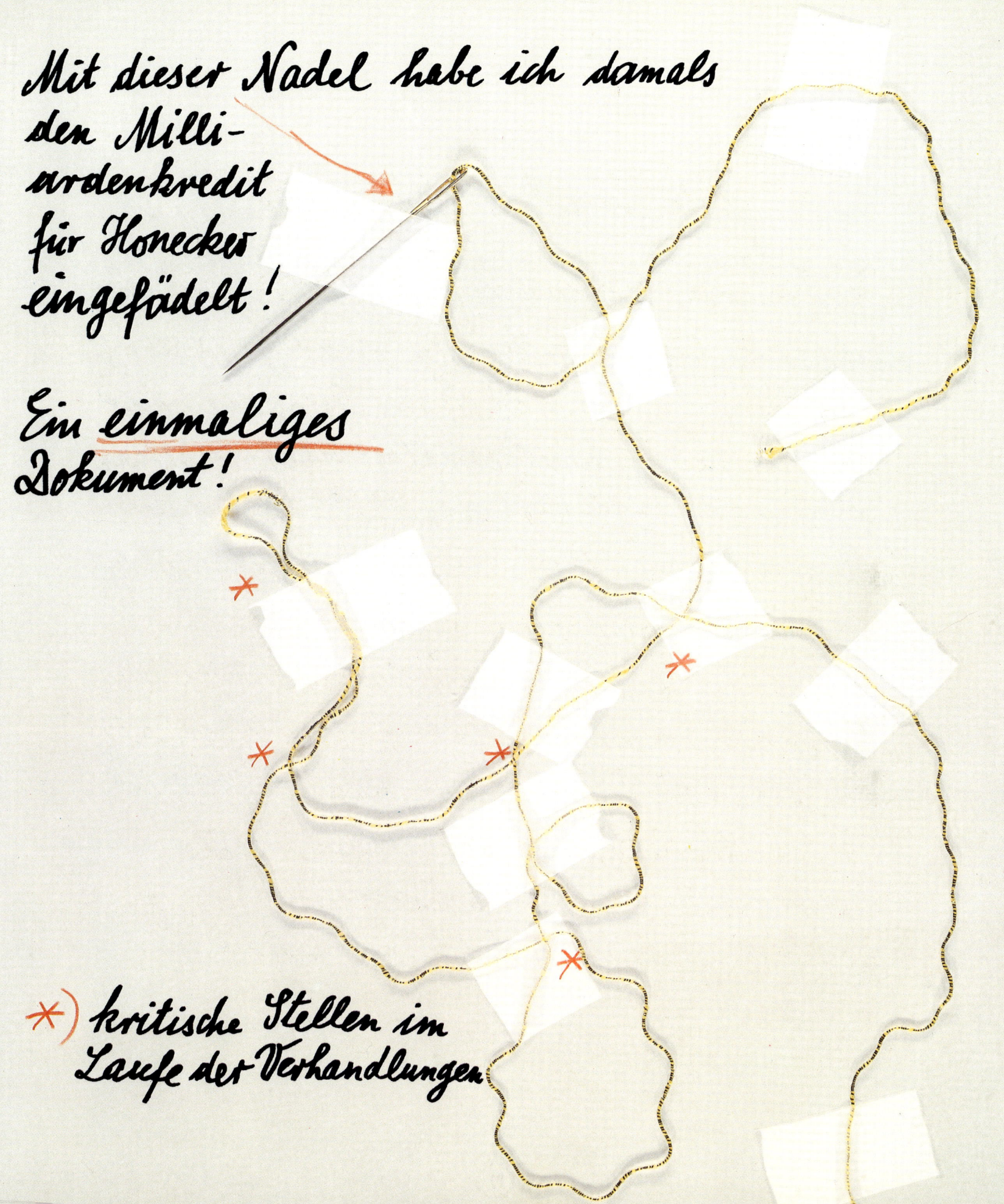

Infamerweise wurde sogar von einigen – mir bekannten – journalistischen Handlangern der W. R.* der absurde Verdacht verbreitet, ich hätte das Ganze nur gemacht, um die Provision zu kassieren, die in Anbetracht der banküblichen Konditionen (1‰) ohne Zweifel ein beachtliches Zubrot gewesen wäre. So ein Schmarrn. Nicht einmal der blitzgescheite Helmut Kohl hatte meine DDR-Kredit-Idee ganz verstanden, obwohl ich sie ihm auf einem unserer regelmäßigen Spaziergänge zu erklären versucht hatte (siehe nebenst. Abb.).

Dabei war alles ganz einfach!

---

* Welt-Revolution

Ich scheute keine Mühe,
meinen Männerfreund Helmut
mit meinen politischen Gedanken-
gängen vertraut zu machen...

Ich wollte mit diesem Milliardenkredit

a) die Mauer wegbringen (geopolitische Komponente)

und/oder wenigstens vorher

b) möglichst viele Landsleute aus der DDR herausholen (humanpolitische Komponente)

Die von der DDR kaum behinderte Flucht-welle im Herbst 1989 beweist, daß meine Politik richtig war. Der Fall b) ist eingetreten, der Fall a) der Mauer kommt noch. Ja, wie denn, werden Sie fragen. Passen S' auf: Mein Hintergedanke bei der Milliarde für den Honecker war die jedermann

bekannte Tatsache, daß weder Sozis und schon gar nicht Sozialisten mit Geld umgehen können. Rote mit Geld auszustatten ist genauso sinnvoll wie der zum Scheitern verurteilte Versuch, in der Hölle Schneebälle zu rösten. Schon aus diesem Grund hat natürlich der Honecker die Milliarde nicht ohne Sicherheit bekommen. Ich habe - jetzt kommt's - eine Hypothek auf die Mauer eintragen lassen (etwas anderes von Wert war in der ganzen DDR nicht vorhanden). Der Honecker hat sich zwar gesträubt, aber es ist ihm nix anderes übriggeblieben, weil er das Westgeld gebraucht hat.

URKUNDE

DES NOTARS

Dr.

Herrn Dr.h.c. Franz Josef Strauß
Nymphenburgerstr.64
8ooo München 2

Damit war uns die Mauer sicher!!

Mein Plan beruhte auf der richtigen An-
nahme, daß Honecker nie und nimmer
imstande sein würde, die Milliarde plus
Zinsen fristgerecht zurückzuzahlen (s.o.),
dann wird die Hypothek gekündigt und
-patsch- die Mauer gehört uns! Dann
können wir mit ihr machen, was wir
wollen - sogar abreißen ! !!
Und wenn es (mittlerweile) so ausschaut, als ob die DDR
so menschlich wäre oder der Genscher so
tüchtig, weil so viele DDR-Bürger über
Ungarn abhauen konnten - ein Schmarrn.
Der Honecker hat eine Fristverlängerung
für den Kredit gebraucht.!
Jetzt bin ich sehr gespannt, ob er das

Geld bis zum allerletzten Termin zusammenkratzen kann. Angesichts der Tatsache, daß ich noch keinen gebratenen Schneeball gesehen habe, sage ich: Nie! Das ist Deutschland- bzw. Ostpolitik. Aber man muß es halt können.

P.S. Den Genscher haben wir damals natürlich nicht eingeweiht. Der ist mir Kommunisten gegenüber viel zu blauäugig.

PER ASTROFAX an "Sueddeutschen Verlag" STOP hoere soeben, dass Honecker zum Teufel gejagt worden ist STOP bis jetzt aber nicht angekommen STOP macht nix, Mauer wird trotzdem unser STOP auch Nachfolger(Krenz oder Hinz u.Kunz) werden die Hypothek nie zurückzahlen können STOP das muss noch in meine Memoiren rein STOP STOP Ende-

Dies & jenes

Um die Kontinuität unserer Außenpolitik nicht in alle Ewigkeit den unberechenbaren Schlangenlinien des Herrn Genscher auszusetzen, hatte ich noch zu Lebzeiten einen begabten Nachwuchsmann der CSU, Gerold Tandler, zu meinem Außenminister-Stellvertreter gemacht und weltpolitische Erfahrungen sammeln lassen. US-Präsident war damals Ronald Reagan.

GEROLD, DU PACKST AUF DER STELLE DEINE KOFFER, UND ZWAR SOFORT!

BAYERN KURIER
Strauß: Was stimmt nicht in der Außen- Politik?

WARUM? HAB' ICH WAS FALSCH GEMACHT??

RINDVIECH! DU MUSST NACH WASHINGTON, DAS DEUTSCH-AMERIKANISCHE VERHÄLTNIS VERBESSERN!

JAWOHL, CHEF!

Natürlich hat man in Bonn von der außenpolitischen Initiative aus München Wind bekommen. Die Reaktionen sind verschieden...

DAT IS NE SAUEREI!

GROSSARTIG! ENDLICH TUT EINER WAS!

WEISS GENSCHER DAVON?

Bonn a. Rhein

Genscher

Auch in diplomatischen Kreisen findet man die Angelegenheit äußerst bemerkenswert...

ÄUSSERST BEMERKENSWERT!

JA

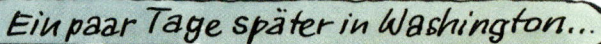

MR. PRESIDENT, EIN MR. TÄNDLER AUS MUNICH, BAVARIA, ER SAGT, ES SEI SEHR WICHTIG!

TÄNDLER? NIE GEHÖRT!

FRAGEN SIE HELMUT, OB ER WEISS, WAS DIESER MR. TÄNDLER WILL!

MR. KOHL SAGT, ER HABE ABSOLUT KEINE AHNUNG!

ICH MAG DIE DEUTSCHEN, SIE SIND WENIGSTENS EHRLICH!

GEBT DIESEM TÄNDLER EIN AUTOGRAMM FOTO VON MIR UND SCHICKT IHN NACH HAUSE!

Am nächsten Tag in München..

MEINE IM AUFTRAG DES MINISTER-PRÄSIDENTEN ERFOLGTE REISE NACH WASHINGTON WAR EIN VOLLER ERFOLG UND HAT DAS DEUTSCH-AMERIKANISCHE VERHÄLTNIS ENTSCHEIDEND VERBESSERT!

Ui

TV WEISS BLAU

Bonn, 27. November 1966

Die Große Koalition ist perfekt – endlich!

Ich habe das Finanz- u. Wirtschaftsministerium übernommen. Die Sozis haben durchgedrückt, daß Prof.(!) Schiller mein Assistent wird. Wenn er sich gut benimmt, soll's mir recht sein. Wie heißt es doch im „Faust": „Dem Hunde, wenn er gut gezogen, wird selbst ein weiser Mann gewogen."

Der Vollständigkeit halber: Bundeskanzler ist Kurt-Georg Kiesinger. Wenn der in den Ruhestand geht, werde auch so leben, dann gute Nacht...

München, 28. März 1975

Habe heute Sepp Herberger zum Geburtstag gratuliert. Er hat sich sehr über meinen Anruf gefreut. Der Sepp hat es mir bis heute nicht vergessen, daß seine National-mannschaft 1954 in Bern aufgrund meiner taktischen Ratschläge überraschend Fußballweltmeister wurde. Ich werde dem Herberger zum Geburtstag ein Jahres-Abonnement des „Bayernkuriers" schenken schicken. Hoffentlich hat er noch keins.

Am Abend noch mit Luggi in Tirol. Denn es arbeitete, schwer, nicht aber viel Durst, gut, ...

Washington, 27. Mai 1984

Kurzbesuch bei Ronald. Er ist in Schwierigkeiten, möchte Contras helfen (20-30 Mio $), aber der Congress stellt sich stur (vermutlich von Sozis aufgehetzt). Ich habe Ronald vorgeschlagen, die Saudis anzuzapfen. Ronald begeistert. Habe sofort vom ROTEN Telefon Prinz Bandar* angerufen. Netter Bursche, leider ißt er am liebsten Big Macs von MacDonalds (scheußlich). Bandar war auf ein Party, versprach, zurückzurufen. McF. kam dazu, Ronald informierte ihn kurz.

Schleife! Habe heute vergessen, Henry zum Geburtstag zu gratulieren. Werde ihm ein breites Jahres-Abo vom „Bayern-kurier" schicken.

Washington, 28. Mai 1984

9⁰⁰ Uhr, Bandar ruft an (so früh!). Hat mit König Fahd gesprochen. Der will mit den Contras nix zu tun haben, ist aber bereit, 8-10 Mio $ auszuspucken, wenn er dafür von USA 400 Stinger-Raketen bekommt. Ich rufe McF. an (Ronald schläft noch), empfehle ihm dringend, das Geschäft zu machen.

Am Nachmittag zum Airport, Flug nach Riad, Fahd erklären, was Reagan in Mittelamerika wirklich will. Mitternacht Audienz bei Fahd, leider diesmal ohne Bauchtänzerinnen, aber wenigstens Bier.

*) Damals saudischer UN-Botschafter

Genf, 27. Juni 1984

Habe heute überprüft, ob das Geld der Saudis wirklich auf dem Konto ist (Schweizerischer Bankverein im allgemeinen sehr zuverlässig).
Alles in Ordnung. Die Saudi-Dollar gehen morgen an die BAC International Bank auf den Kaiman-Inseln.
Jetzt sind die Contras vorerst mal gerettet (1 Mio $ im Monat). Ronald ist befriedigt, McF. eifersüchtig, aber das ist mir Wurscht.

München, 28. Juni 1984

Ronald hat angerufen, um halb 3 in der Nacht (in Washington ist es halb 9, abends wird der alte Knabe immer aktiv, scheint noch das Hollywood-Blut zu sein), bat mich um Vermittlung mit Israel, wegen weiterer Geld-spritze für die Contras. Darf natürlich niemand wissen. Ich weise Ronald darauf hin, daß die Israelis auch an Honduras Waffen verkaufen, von dort operieren doch die Contras... R. hat sofort kapiert, schließlich zahlen die USA 2,5 Mrd. $ Militärhilfe an Israel. Da können sie doch irgendwas mauscheln.

Bonn
~~München~~, 26. Mai 1986

Erfreulicher Tag! Heute morgen rief Hannelore an. Hat mich gefragt, ob ich abends zu ihr rauffliegen könnte, H. sei nicht da, er hätte Bundesvorstand, wahrscheinlich geht es wieder zu dieser W._ Ich habe sofort zugesagt. Für solche Fälle ist mein Vogel immer „unter Dampf". Ich habe Theo mitgenommen, die Sache mußte offiziell wirken, sonst kann ich die Reisekosten nicht abrechnen. Habe Theo in Bonn zu Fritz geschickt. Abend bei Hanne-lore (ich sag immer Hannerl zu ihr) sehr gemütlich. Wenn das der H. wüßte!!!

München, 13. Februar 1987

Zum Frühstück Kaviar auf Blini. In der Zeitung gelesen, daß Johannes zu seinen Latifundien nach Süd-amerika geflogen ist. Daraufhin Gloria angerufen und gefragt, ob ich am Abend vorbeikommen könnte. Sie hat die Entrüstete gespielt und gesagt, daß sie schließlich keine Nutte sei. Ich antwortete, daß ich das auch nicht angenommen hätte und ich hätte doch gar nicht an eine Bezahlung gedacht. Damit war das Eis gebrochen und es wurde noch ein längerer Abend im Schloß. Diese Adeligen!

Vorzügliche Hummer-Mayonnaise

Von 3-4 gekochten und erkalteten Hummern bricht man die Scheren und Schwänze aus, schneidet sie in Stücke und mariniert sie mit Pfeffer, Essig u. Oel. Mayonnaise aus reinem Eigelb, Salz, Oel und Estragon-Essig vermischt man mit den Hummereien. Nun richtet man die Schalen der Hummerscheren etc. mitten auf einer Platte oder Assiette wieder zusammen, gruppiert das Hummerfleisch rings um dieselben, übergießt es mit Mayonnaisensauce und garniert mit hartgekochten Eiern und Hummerfüßen. Man kann sie auch in Austernschalen oder Muscheln als kaltes Entree servieren.

Dazu am besten eiskalten Champagner.

Gefüllte Kalbsohren

Nachdem die zubereiteten Ohren in Fleischsuppe gesotten sind, läßt man ein Stückchen Butter zergehen, röstet eine verwiegte Zwiebel darin, verrührt 3 Eier mit Petersil, Pfeffer

Ich bekenne, daß neben dem politischen auch das leibliche Wohl bei mir nicht zu kurz kam. Hier sind die Rezepte meiner beiden Leibspeisen zum Nachkochen.

und Salz, läßt dies unter beständigem Rühren dick, aber nicht zu hart werden, nimmt es vom Feuer, stellt die Ohren schön aufrecht, füllt sie mit dem Angerührten, wendet sie in Eiern und geriebener Semmel um und bäckt sie in heißem Schmalz.

Zar Michail u. Zarin Raissa

Jerry Lewis

Ronald Reagan

Herbert Wehner

Egon Bahr

SCHLUCHZ

Helmut Schmidt

Rudi Carrell

Woody Allen

Falk Volkhardt „Bayer. Hof"

Steffi Graf

der großen Schar meiner Bewunderer mehr als nur einige herauszugreifen.

Jutta von Ditfurth

Lothar Späth

Johannes Rau

Ludwig Heinz Erhard

SCHLUCHZ!

Generalissimo Augusto Pinochet

Liza Minnelli

General Jaruszelski

Ephraim Kishon

Willy Brandt

Willy Millowitsch

Unter den offenen Bewunderern, neben denen es auch zahlreiche heimliche Verehrer(innen) gab, befanden sich allerdings auch echte Freunde. Zwei von ihnen möchte ich beispielgebend hier hervorheben: den jetzigen Luft- u. Raumfahrtmanager Karl Dersch u. den Staatssekretär m. a. L.*) Peter Gauweiler. Bei einer ~~meiner~~ unserer gemeinsamen Reisen nach Albanien wurde ich wegen eines geringfügigen Verkehrsvergehens zu drei Tagen Gefängnis verurteilt, was mich daran gehindert hätte, mit Staatspräsident Enver Hodscha auf Bärenjagd zu gehen. Da baten Karl und Peter, für mich ins Gefängnis gehen zu dürfen, was sofort genehmigt wurde, und saßen die Strafe unter erschwerten Haftbedingungen für mich ab! AMICUS CERTUS IN RE IN-CERTA CERNITUR!

*) mit aufsteigender Linie

Das Piller-Manuskript

Einer der dümmsten, lächerlichsten und hirnrissigsten Versuche, mich und meine Person in bewährter Manier zu verleumden, ist das Lügenmärchen, das in eindeutiger Absicht von einer bezahlten Spionin erfunden u. nach meinem Ableben unter dem Titel „Mein Leben mit Franz Josef Strauß" in einer sog. „Illustrierten" abgedruckt worden ist. Aber es war, wie so oft, ein Schlag ins Wasser!

NEUE SERIE

Mein Leben mit Franz Josef Strauß

Renate Piller, Lebensgefährtin des verstorbenen Politikers, erzählt

Selbstverständlich hatte ich damals sofort gemerkt, daß diese Frau Piller eine auf mich angesetzte Agentin war!!! Ich habe aber das Spiel mitgespielt, weil ich die Dame auf's Kreuz legen wollte! Sie hat sogar geglaubt, daß ich sie heiraten würde – oh mei! Wer ab und zu einen Liter Milch braucht, der muß sich doch nicht gleich eine Kuh halten!

Einige Kostproben aus dem Original-Manuskript dieser Frau Piller beweisen a) daß die Verleumdungsaktion von ihren Hintermännern generalstabsmäßig geplant war und b) daß sie „leider" nicht generalstabsmäßig abgelaufen ist, weil ich die Sache ja durchschaut hatte u. damit selbst alle Fäden in der Hand hatte!

Kennengelernt habe ich Franz Josef Strauß am Freitag, den 28. November 1986. Indirekt über seinen jüngeren Sohn Franz Georg, mit dem ich - wenn auch nur ganz am Rande - beruflich zu tun hatte. Franz-Georg war einer der Hauptgesellschafter bei der privaten Fernsehgesellschaft "tv weiß blau", wo ich damals für Werbung und Öffentlichkeitsarbeit zuständig war. Der Firma ging es furchtbar schlecht. Da zog Franz-Georg Strauß als Tr Trumpf-As seinen Freund, den Rechtsanwalt Hermann Mayer, aus dem Ärmel und bestellte den zum Geschäftsführer und Sanierer der "tv weiß blau". Ich arbeitete eng mit ihm zusammen und er bat mich, eine Einweihungsparty zu richten. Sowas kann ich gut. Das Fest lief ab wie am Schnürchen. Da fliegt gegen elf die Tür auf, zwei Polizisten kommen hereingestürmt, dahinter Franz Josef Strauß. Na, ich als erstes dafür gesorgt, daß die abgegessenen Teller wegkamen und ein frisch entkorkter Wein her. Mit dem Auftreten von FJS verstummten zunächst alle Gespräche. Die Leute scharten sich um ihn und lauschten ~~seinen Monologen~~ mit halboffenem Mund seinen Monologen. Ich genauso. An diesem Abend sprach er von seinen Kriegserlebnissen, von der Schlacht am Don. Das war überhaupt eins seiner Lieblingsthemen. Plötzlich fiel in diesem Knäuel von 50 Menschen sein Blick auf mich und ließ nicht mehr los. Da hat sofort etwas geflackert zwischen uns.

Frau P. war also in den TV-Sender meines Sohnes eingeschleust worden, worauf es dort prompt schlecht lief!

Das ist sowohl eine Lüge als auch falsch! Kriegserlebnisse sind keineswegs mein Lieblingsthema und ich sprach damals nicht von der Schlacht am Don, sondern von meiner Vorliebe für den Don-Kosakenchor unter der Leitung von Serge Jaroff. Aber selbstverständlich sollte ich auch hier als kalter Krieger u. Säbelrassler dargestellt werden, der allerhöchstens durch den Anblick einer Frau Piller zum gurrenden Friedenstäuberich wird. So ein Schmarrn. Es hat überhaupt nix „geflackert zwischen uns". Geflackert haben vielleicht die Kerzen, die das kalte Büffet beleuchtet haben, das aber wirklich schon leergefressen war, als ich kam. Das wenigstens hat gestimmt.

*) Kein Buch ist so schlecht, daß es nicht in irgendeiner Beziehung nützen könnte.

Als ich ihn bei einem unserer vielen Klösterbesuche einmal fließend Lateinisch mit einem Mönch reden hörte, habe ich Franz Josef lauthals bewundert und beneidet. Das hat er sich gemerkt und brachte nach Malaga die Latein-Lehrbücher für Anfänger mit. Und nun büffelte ich brav, während Franz Josef im Schatten saß und las. Wenn ich ein Kapitel durchhatte, fragte er mich die Vokabeln ab.

Zum Jahrestag unseres Kennenlernens schenkte er mir eine schlichte kleine Weißgoldkette, und zu Ostern ein Abonnement des "Bayernkurier" sowie, ich denk', ich seh' nicht recht, genau die gleiche Kette nochmal. Das war ihm dann schon peinlich; murmelnd steckte er sie wieder ein.

Frau P. konnte nicht wissen, daß ich es als eine vornehme Pflicht ansah, auch Frauen zu meinem Niveau emporzuziehen. Selbstverständlich war sie nur eine von vielen, denen ich Latein-unterricht erteilte.

Da war es auch nicht zu vermeiden, daß ich ab und zu Damen, Termine und Geschenke durcheinander-brachte – schließlich war ich ja nicht mehr der Jüngste!

116

Ich kam spätabends auf dem Flughafen von Nizza an, und
Franz Josef holte mich ab. Am nächsten Morgen mußte ich
mich mal wieder über ihn ärgern. "Ich geh' mal Brot holen",
hat er gesagt, sich in einen Geländewagen geschmissen und
ward stundenlang nicht mehr gesehen.

Selbstverständlich hoffte
diese Presse-Spionin, sogar
im Urlaub bei mir einiges
enthüllen zu können....

Es fiel mir jedoch nicht schwer, sie abzuschütteln und konnte mich
danach ungestört den Sehenswürdigkeiten der Umgebung widmen.

Im Frühjahr 1987 unternahmen wir häufig Radtouren, Franz Josef zu meiner Erheiterung immer in voller Rennfahrer-Montur.

Allerspätestens an dieser Stelle hat sich die Illustrierten-Agentin endgültig und ein für alle Mal demaskiert. Ich habe mit Frau Piller weder Rad- noch sonstige Touren unternommen, das hätte sie vielleicht gerne gehabt. Aber ich ziehe schon seit Jahren heiße Öfen dem Fahrrad vor, schon deshalb, weil es mit dem Radl viel schwerer ist, einen steilen Zahn aufzureißen - und zu denen zähle ich die Frau P. leider nicht!

Ich hatte sehr wohl ein Datum für meine Eheschließung mit dieser „Stern"-Agentin festgelegt: Den St.Nimmerleins-tag !!!!

Ich werde immer wieder gefragt, wann Franz Josef und ich denn nun hätten heiraten wollen. Es stand kein Datum fest. Franz Josef wr kein Mann der übereilten Schritte, und ich hütete mich, ihn zu ß drängen, denn das vertrug er über- haupt nicht.

Falsch!

Das Strauß-Testament

a) PRIVAT

1. Aus steuerlichen Gründen bekommen meine Kinder Monika, Maxl und Franzl keine müde Mark!

GÄHN!

2. Die mir nach einem arbeits-reichen Leben trotz aller-größter Sparsamkeit verbliebene Barschaft habe ich an wohltätige Organisationen gespendet. (siehe nebenstehende Briefdokumente!) ⟶

3. Aktien-Pakete und Schachtelbeteiligungen, u.a. Daimler-Benz, Aerospace, Roxy-Film, Beta-Film, SAT 1, RTL plus, TV-Weißblau, Wörner-Communications, Bayernwerk, Marox, RWE, BMW, Siemens, VW-Volksaktien, Dynamit Nobel, Flick KG sind auf dem Postweg. Die Empfänger tun hier nichts zur Sache. Das ist alles.

F. K. Flick Holding Ltd.
CAYMAN ISLANDS P.O.BOX 002

Mr. Prime Minister of Bavaria
Dr.h.c. Franz Josef Strauss
Nymphen-Burger Street 64
D-8ooo Muenchen 2

July/19/1988

Dear Mr. Prime Minister,Dr.Strauss,

we can hardly press out our deep thankfulness over Your
broad-minded gift to our company. That is really not a
trifle! In the first time we thought we should wash the

Deutschmark ████████████

for you. But then we opened Your enclosed letter and we
comprehended, that it was really a gift! Our President,
Mr.F.K. Flick Esq., who unfortunately cannot write to
You himself, because he has a date with our mexican
daughter in Acapulco, said that You are the only honest
benefactor of of him and his Holding.

Once more many, many thanks!

(Chairman of the Board)

[signature]

PS: Do You need a receipt?

Chairman of the Board: Gerald G. Tundler

Jack Seidel-Foundation
Nassau/Bahamas P.O.BOX 008

Mr. Minister President of the
Bavarian Free Estate
Nymphneburger Str. 64
D-8ooo Muenchen 2

FOR PRESENTATION AT THE REVENUE OFFICE

July/18/1988

Dear Mr. Minister President,

we attest gladly and with thousand thanks the conception of

Deutschmark ████████████

for application to the wellknown purpose of our foundation.

Eternally yours

[signature]
Otto Meadowhay, Managing director

Managing Director: OTTO MEADOWHAY

Aktien-Paket

Schachtel-Beteiligung

b) POLITISCH

Was meine Weltpolitik, Außenpolitik, Innenpolitik, Militärpolitik, Abrüstungspolitik, Nahe Ostpolitik, Ferne Ostpolitik, überhaupt Politik betrifft, so habe ich seit Anbeginn meiner politischen Laufbahn

a) immer alles vorausgesehen
b) meistens recht behalten, aber
c) nur selten recht bekommen.

Ich habe also die Perlen meiner politischen Weisheit jahrzehntelang vor die Säue geworfen !

Damit ist ab sofort Schluß! Ab jetzt gibt es bei mir nichts mehr gratis, weder politische Nachhilfestunden noch weise Ratschläge.*) Ich werde mich auch weigern, ungebeten und ohne jeden Anspruch auf Vergütung der derzeitigen Bundesregierung, die ja eine umgekehrte Mogelpackung ist, also im Gegensatz zur Wirklichkeit bessere Ware enthält, als die Umhüllung vermuten läßt, einen Vorschlag zu machen, wie man so eine Mogelpackung besser verkaufen könnte. Das wäre nämlich kindisch einfach, schließlich kann man jeden Deppen populär machen! Dafür müßte man nur den eigenen (!) Postminister, Herrn Schwarz-Schilling, auffordern...

*) bitte Preisliste anfordern!

eine Briefmarkenserie „Unsere Bundesregierung"

DU LECKST JA DIE FALSCHE SEITE!

HELMUT KOHL BUNDESKANZLER
100

H.D. GENSCHER BUNDESAUSSENMINISTER
100

NORBERT BLÜM, BUNDES-MINISTER FÜR ARBEIT UND SOZIALORDNUNG
100

FRIEDRICH ZIMMERMANN BUNDESVERKEHRSMINISTER
100

THEO WAIGEL, BUNDES-FINANZMINISTER
100

WOLFGANG SCHÄUBLE BUNDESINNENMINISTER
100

herauszubringen. Bekanntlich müssen Briefmarken, wenn man sie nicht nur sammelt, sondern auf Briefe klebt, vorher angefeuchtet werden (Abb. oben links). Wenn jeder der 45 Millionen Wahlberechtigten nur fünfmal *) pro Jahr einen Brief frankiert, ergibt das nach Adam Riese 45 x 5 = 225 Millionen Bürgerkontakte mit der Bundesregierung, in meinem Beispiel geteilt durch 6 = 37,5 Millionen Mal pro Minister und Bundeskanzler. Wenn sie so nicht populär werden, dann liegt's nicht an mir. Aber so einen Rat gift's, wie gesagt, nicht mehr umsonst. Nicht bei mir!!

*) in Bayern schreibt man sogar noch öfter

Und schon gar nicht hier! Das könnte den selbsternannten politischen Gartenzwergen im Reclamformat, für die ein Vergleich mit Pygmäen oder Buschmännern,* denen ich bei meinen zahlreichen Reisen nach Südafrika häufig begegnet bin, schon ein unverdientes Kompliment wäre, so passen! Für weniger als dreißig Mark meine Memoiren kaufen und dort die Rezeptur für die Politik der nächsten Jahrhunderte erwarten. Nix da! Aber damit Ihr nicht ohne alles dasteht, hinterlasse ich Euch

1. Helmut Kohl. Wenn er weiterhin meine Anweisungen ausführt, bleibt er Bundeskanzler (besser als nix)

2. die Republikaner. Wenn man den Schönhuber zum Intendanten des BR**) macht, ist das Problem gelöst. Mehr wollte der ja nie werden (tut mir leid, Reinhold!)

3. Mich. Meine direkten Nachfolger sind leider mehr oder weniger große Flaschen, nicht einmal etikettiert. Aber irgendwo in Bayern wächst wieder eine politische Begabung heran, die dereinst der CSU zu neuem Glanz verhilft, da geb' ich Euch Brief und Siegel drauf!

---

*) denen die Apartheid übrigens vollkommen unbekannt war!
**) BR = Beruhigter Republikaner

Bis dahin behalte ich Euch aus meiner geostationären Umlauf-
bahn ständig im Auge, und wenn's brennt, dann laß' ich mich herab
und greife 'hilfreich' ein. Pfüat Gott und fürchtet Euch nicht!